大是文化

消失的香港

從鴉片戰爭、97 回歸到港版《國安法》，

香港如何成為
我們「記憶中的」東方明珠？
如何再次扮演關鍵之地？

사라진 홍콩

韓國白石大學中文系教授、清華大學臺灣文學研究所客座教授
臺灣大學人文社會高等研究院訪問學者
柳泳夏——著　葛瑞絲——譯

第十四章 重洗血統，喚起中國基因 195
中國政府使出渾身解數，要讓香港市民「重新成為國民」。面對香港這群沒有國家的人們，中國無法袖手旁觀。從香港人的立場來看，這不僅是「洗血統」，也是「重生」。

第十五章 消失的香港 217
香港現今已然成為中國的一部分，二分法的共識更常出現在香港人的眼前和耳中，其身分認同也將重組。

結語 原香港正在消亡，新香港正在誕生 257

參考文獻 273

香港大事記

年分	事件
一八四〇年	第一次鴉片戰爭。
一八四二年	中、英簽訂《南京條約》，正式割讓香港島予英國。
一八四三年	英國頒布《英王制誥》（*Hong Kong Letters Patent*）和《王室訓令》（*Hong Kong Royal Instructions*），建立香港殖民地；成立定例局（立法會前身）及議政局（香港行政會議前身）。
一八五六年	第二次鴉片戰爭。
一八六〇年	中、英簽訂《北京條約》，把界限街以南的九龍半島割讓給英國。
一八七二年	東華醫院落成。
一八八八年	山頂纜車通車。
一八九八年	中、英簽署《展拓香港界址專條》，英國向中國租借深圳河以南土地九十九年，稱為「新界」。
一九〇三年	《南華早報》（*South China Morning Post*）創刊。

（接下頁）

一九〇四年	香港電車通車。
一九一一年	第一所大學香港大學成立。
一九一九年	中國爆發五四運動。
一九二五年	省港大罷工；啟用啟德機場（Kai Tak Airport）。
一九二六年	成立首間官立漢文中學。
一九四一年	日本占領香港，開啟香港日治時期。
一九四五年	日本投降，香港重光。
一九六六年	文化大革命展開。
一九六七年	文革蔓延，引發六七暴動。
一九七一年	實施六年國民義務教育。
一九七二年	全面展開清潔香港運動。
一九七六年	毛澤東逝世；四人幫被捕；文化大革命落幕。
一九七八年	實施九年國民義務教育。
一九八〇年	取消抵壘政策，對中國內地的非法入境者採取「即捕即解政策」。
一九八四年	簽訂《中英聯合聲明》，香港出現第一波移民潮。

一九八九年	北京發生六四天安門事件，港人支援北京學生運動，支聯會隨後每年舉辦六四燭光晚會。香港出現了第二波移民潮。
一九九〇年	全國人民代表大會正式頒布《中華人民共和國香港特別行政區基本法》（以下簡稱《香港基本法》）。
一九九一年	香港立法局舉行首次直接選舉。
一九九二年	末代總督彭定康上任，發表任內第一份施政報告，推行政治改革；鄧小平發表「南巡講話」。
一九九七年	香港主權移交中華人民共和國，成立香港特別行政區，提出「一國兩制」、「港人治港」、「五十年不變」。
一九九九年	全國人大常委會首次釋憲。
二〇〇三年	《香港基本法》二十三條草擬立法，引發七一遊行。
二〇〇四年	全國人大常委會第二次釋憲，否決二〇〇七年、二〇〇八年雙普選。
二〇〇五年	全國人大常委會第三次釋憲，解決行政長官餘下任期問題。針對二〇〇七年、二〇〇八年特首，及立法會產生辦法的政改方案修正案進行表決，最終遭立法會否決。
二〇〇七年	九廣鐵路和香港地鐵合併為港鐵。
二〇〇八年	中國舉辦北京奧運。
二〇一三年	中國政府倡議「一帶一路」。

（接下頁）

二〇一四年	中國發表一國兩制白皮書。全國人大常委會針對二〇一七年普選訂下「八三一」框架，反對民眾展開占領中環及雨傘運動。
二〇一六年	發生旺角魚蛋革命。
二〇一九年	反對《二〇一九年逃犯及刑事事宜相互法律協助法例（修訂）條例草案》（以下簡稱《逃犯條例》）（反送中運動），要求政府撤回，上街遊行人數創下歷史新高，社會持續極力爭取五大訴求，以求光復香港，政府則答允暫緩修例，但其餘訴求並未答允。同年發生元朗襲擊事件。
二〇二〇年	第十三屆全國人民代表大會常務委員會通過《中華人民共和國香港特別行政區維護國家安全法》（以下簡稱《香港國安法》）。
二〇二一年	第十三屆全國人民代表大會通過《關於完善香港特別行政區選舉制度的決定》，落實「愛國者治港」。英國推出政策給予英國海外公民（British National Overseas，簡稱BNO）護照持有人居留權。
二〇二四年	《香港基本法》第二十三條立法，訂立《維護國家安全條例》。

中文版序
曖昧的和平，比戰爭更有價值

我觀察香港與中國的關係已有三十多年，雙方的認同感，有時像戀人、有時像仇人，反覆分合。世界上所有的和平和矛盾，都是由此所導致，就像我和你、政黨和政黨、地區和地區、國家和國家、地區和國家等，其動亂背後隱藏著相同問題。也就是說，國家認同是由名分和利益構成——因名分聚首，也因利益而散。相反的，也有很多因名分問題開戰，因利益問題最終選擇和平共處。

中國和香港的關係令我一直想到韓半島和海峽兩岸。南北韓和兩岸之間也是國家認同相互對峙的地方，過去還一度流行「今日香港，明日臺灣」，由此可見，兩者直接關係到兩岸的未來。更進一步說，這也和東亞的未來息息相關。即使過去早已付出慘痛代價，**但為何東亞依然無法擺脫矛盾紛爭？以及為什麼不能像歐盟那樣形成區域共同體？**這也是我想關注的重要主軸。

作為研究認同感議題的我，懇切希望兩國關係可以就此穩定下來。當兩個完全不同的認同感相遇，能否形成對彼此有助益的關係，我衷心期望歷史能提出美好的解決方案。我想，在兩岸關注中國－香港的人，應該也和我抱持一樣的心情。我期待看到兩者能作為解決所有衝突的關鍵，甚至渴望在戰火不斷的世界中，提出消弭爭端的對策。然而，從某個瞬間起，中國和香港之間的矛盾日益激化，而紛爭的盡頭究竟為何？難道是以戰爭劃下句點嗎？我有預感，或許不會是幸福美好的結局。

中國和香港，雙方都希望出現更準確、更明確的局面。中國急著要掌握香港，香港則急著想脫離中國，兩者都不想維持現狀，想要求更完美的局勢，這樣的趨勢正在逐漸擴大。大家都把身分認同放在首位，然後以各自的立場解釋，而將實際利益拋諸腦後，似乎都在試圖打破一九九七年以來《香港基本法》好不容易達成的和諧。

縱觀歷史，認同感之爭皆以戰爭作結。事實上，若是發生利益糾紛，反倒容易處理；反之，如果身分認同上發生衝突，就會演變成一連串的戰事。希望今後兩岸關係不會發生後者，而是以擴大實際利益為主進行交流。

沒有人會對我們所處的現況感到滿意，而國際局勢是各方角力下的產物，必須從中找到折衷才行。若是忘記它的存在，代價之大令人難以想像。羅馬政治家西塞羅（Marcus Tullius Cicero）曾如此警告道：「糟糕的和平，遠比正義的戰爭更好。」在雙邊關係中，當彼此感到不足、遺憾、模稜兩可、不舒服時，找到有彈性的平衡，才是真正的幸福時期，否則等到之後想挽回，多半為時已晚。以上是我觀察中國－香港關係多年後，得出的結論。

前言
香港的自由、民主消失了嗎？

香港結束了嗎？

有人說是的，有人卻說還沒。那些說結束的人認為，香港價值——民主——已經退步，自由也跟著消失；後者則舉貿易港口的重要性和經濟能力為例進行說明。上述兩者都是正確答案，因為這正是香港的認同感。

以一八四〇年鴉片戰爭開始的香港歷史，大致以一九九七年香港回歸劃分前後，但香港的歷史還能進一步以二〇二〇年六月生效的《香港國安法》做區分。《香港國安法》的效果實在太過龐大，從中國的立場而言，是壓制令人頭疼的香港的神來之筆；而從香港的立場來看，是一槍打死香港、令人痛恨的一招。就目前的氛圍，往後香港不可能再出現政治示威。

近來，香港人口減少和人才外流的情況非常嚴重。二〇二二年勞動人口（與二〇一八年相比）減少二十萬人，從二〇一九年九月至二〇二二年九月，**三年間共有六萬八千多名中小學生離開香港**，相較於二〇一八年九月至二〇一九年九月，**這數字增加十倍以上**。世界上總有選擇留下和選擇離開的人，有些人覺得還活得下去，但有些人則覺得無法忍受，於是選擇離開。正如往常一樣，香港現在屬於留下的人。

社會心理學家者理查．尼茲彼（Richard E. Nisbett）在《思維的疆域》（*The Geography of Thought*）中提到，希臘人認為的幸福是：「在沒有任何限制的情況下，最大限度的發揮自身能力來追求卓越。」沒有比這句話還能更貼近且定義香港人的幸福。香港人以前真的在不受「任何」限制的狀況下，按照自己的能力來生活。自由，無限的自由，曾是在談論香港定位時不可遺漏的優點，但現在如何？仍是不受任何限制的狀態嗎？答案是否定的。究竟，這真的是最好的結果嗎？

從香港準備回歸的前一年起，我便在當地關注中國與香港的關係，一九九五年回韓國之後，我仍「監視」雙方的一舉一動。中國－香港的關係，好比兩種認同感的相遇，時而甜蜜、時而苦澀、時而危險。然而，隨著時間流逝，我腦海裡悄悄產生某種負面預感。哲學家伊拉斯謨（Desiderius Erasmus）說：「**語言和文字的戰爭若持續太久，就會以暴力終結。**」他很清楚意識到衝突的最終結局。目前正在進行的俄烏戰爭，也圍繞著相同問題。

高中時，我對香港的印象還停留在流行歌曲〈香港小姐〉的歌詞。那是一座想像的城市，是一代電影巨星李小龍居住的地方。在電影中，如果壞人先拿起武器，李小龍就會用不亞於武器的雙節棍應對，一旦亮出雙節棍，壞人後悔也沒用了。現在回想起那段令人憂鬱的時光，我們的書包裡也放有雙節棍，就像電影場景般，我們抱持著懲罰壞人的信念，在午餐時間揮向朋友作為練習。

大學時期我就讀中文系，接觸到韓國記者李泳禧的《轉換時代的邏輯》和美國記者埃德加・斯諾（Edgar Snow）的著作《紅星照耀中國》（*Red Star Over China*）等書籍後，開始學習中國文化。在得知有毛澤東這一位領導人後，我產生一股茫然的憧憬和崇拜之心，還斷定他是為正義奮鬥的人，決心收集與他有關的書。但我很快發現，對歷史人物的斷言，就像確信歷史般愚蠢。

大三左右，我聽朋友說，在韓國也可以買到中國發行的書籍。能夠看到社會主義的真面目，對我來說簡直就像開啟新天地的喜訊，就這樣，人民出版社發行的「禁書」就擺在我的書桌前，事實上，我是透過香港買到的。現在回想起來，我在大學畢業後，選擇去香港留學，也是出自知識好奇心的使然。

主張香港意識的書，已經滅絕了！

二〇一八年拙作《香港弱化》在當地出版後，我變得很緊張，那是一本分析香港歷史博物館的書。由於書中談論到香港的認同感，多家媒體紛紛提出採訪邀約。畢竟**長期研究香港的外國學者出版有關香港的書**，**本身就足以成為新聞**。只是在該書出版後，我開始謹言慎行，婉拒所有採訪，因為要是有人摘錄書中的一行字，稱外國學者煽動香港獨立，那麼我將會陷入無法全身而退的泥淖。

我在該書裡闡明，香港歷史博物館的陳述主體不是香港，而是中國。與其說這是認定香港意識，不如說是強調兩者的同質性。香港歷史博物館大都偏向中國。我在書中間接主張，**承認香港意識有助於建立世界史上無前例、中國（國家）和香港（地區）的特殊關係網，也就是「中國—香港體制**[1]**」的穩定**。

我每次在香港國際機場接受入境審查時，都覺得等待入境章蓋下的時間非常漫長。不僅在香港，我進入中國時也非常緊張，會在海關前思索著我在香港的蹤跡。是的，我正在自我審查，因為我很清楚，很多日本和臺灣等外國政要和學者，都在香港機場被拒絕入境。

我會在心裡思量：「我曾經見了誰？有沒有說錯話？幾年前，我曾在香港代表性報紙《明報》上，發表過一篇比較香港和韓國抗議文化的文章。在某場研討會上，我也曾表示支持香港。」然後，覺得自己可能會被捕、被調查。

如果連身為外國人的我，都受到這種心理壓力，香港人就更不用說了！每當被邀請參加研討會時，我都會看見香港朋友們懇切的眼神，「拜託替我們說出香港處境，內心鬱悶到快憋死了！」

幾年前，香港朝野開始流行「**境外勢力干預**」的說法。當地朋友們和我這個韓國人一起吃飯時，常會半開玩笑的說：「現在，境外勢力正在干預我們。」事實上，我們很快便看到許多民運分子和政治家因這些罪名陸續被捕。而如今，**此一詞彙成了中國政府最常用的警告性修辭之一**。

在香港，人文學相關研討會早已消失，也越來越少出版主張香港主權意識的書籍，不，是滅絕了。這些主題都被國中小圖書館、各種圖書館，以及書店多次退回。不僅如此，二〇二三年七月，政府還下令要在公共圖書館開設舉報窗口，檢舉那些危害香港法律和身分安全的書籍。

香港現在被當成中國的少數族群，只要想想西藏、新疆等地的處境，就很容易理解。雖然他們的意識很清晰，卻不能說自己有所不同，也無法要求別人的認可，心中有口難言。**無論是個人、地區還是國家，沒有什麼比被人否定更令人傷心的了。**

大腦結構不同，認同感就不同

我對腦科學很感興趣。在研究香港認同感後，更好奇香港人的「獨特」性格（大腦）。以後我不會再說「那個人為什麼那樣？」、「我無法理解那個人！」那個人之所以有這樣的行為，就是由於大腦如此下指令，所有人都會受到先天（基因）和後天（環境）的影響。

人會根據大腦判斷和行動。美國教育學者芭芭拉・歐克利（Barbara Oakley）表示：

1 作者按：香港主權於一九九七年由英國歸還給中國，這是第一個殖民地沒有獨立而是回歸宗主國的案例，由此就能理解中國與香港關係。

「家庭教育、宗教、政治信念、教育背景、勞動經驗等，使人的神經系統樹突（Dendrites）各不相同。」生長環境會對大腦結構造成很大影響。社會心理學認為，不僅是個人，地區（國家）意識也是這樣形成的。

簡言之，世上可分成兩種大腦，看電影或電視劇容易感動的人，是顳葉（Temporal lobe）活躍的人；相反的，不容易感動的人就是前額葉（Frontal Lobe）活躍的人。換句話說，一個是感性腦，另一個是理性腦。根據大腦哪個部位較為活躍，造就每個人不同個性。

據說，很多人聽到電影《悲慘世界》（*Les Misérables*）中演唱的歌曲〈你有聽見人民的歌聲嗎？〉（*Do You Hear the People Sing?*）時，會不自覺流下眼淚。如果不哭，就被人批評為缺乏同理心，不過，容易掉淚的人即同理能力強，多半也是我們的錯覺。因為眼淚與同理心沒有太大的關係，而是與大腦結構有關。

香港社會自始至終都被界定為「模稜兩可的空間」、「第三空間」、「第三地帶」。由此可見，原先的國家認同感並不明確，換句話說，香港內部有很多灰色地帶。更何況，**過去香港人並沒有賦予自己認同感，更沒有人這樣要求他們**。一九九七年移交前後，中國強烈想要賦予香港堅定的國家觀，不願再讓香港處在灰色地帶。

在這種情況下，也有可能出現「是先有雞還是先有蛋」的爭論。中國的做法對香港施加了有形和無形的壓力，並試圖轉變成不再模稜兩可的空間。事實上，**曖昧不明的關係或意識往往才是追求和平的正解**，因為這是任何一方都不再執著、願意讓步時，才能達到的境界。

所有爭執的發生，往往都在關係從「曖昧」轉變為「明確」時。不知從何時起，中國希望香港按照他們的方式生活，香港也開始要求中國認可自己的與眾不同。

當身分認同變得鮮明，意味著他者化的力量也隨之增加。就這樣，香港不再是「第三空間」，而是開始偏向某一方，即有獨立意識，這不僅引起中國的關注，甚至引發各界擔憂。換言之，我認為認同感是「他者」和「我」之間相互作用的結果。因此，地區（國家）認同感不會消失，只會不斷重組。

談到身分認同，港人一貫態度是迴避

理查．尼茲彼表示：「從比較文化的角度來看，香港是一個非常有趣的地方。」他更進一步提到，香港同時具有東西方的文化特色，因此當地人看到象徵東方文化的形象時，就會以東方人的方式思考，看到象徵西方文化的形象時，則會以西方人的方式思考，這說明**香港人是如此的「混血」，而這也正是這個地區的意識**。若認為人的大腦是由地區意識所構成，那麼**香港人的大腦結構——思考方式——即為混血**。

根據理查．尼茲彼的說法，美國人認為，除非天生具備某項能力，否則再怎麼努力也徒勞無功；然而東方人相信，只要努力，誰都能學好。香港人同時擁有上述兩類特色，也就是中國人和英國人的特色重疊。在所有港人當中，肯定有人覺得再怎麼努力也沒用，也有人覺得只要努力就能成功，又或者，兩種錯綜複雜的想法都在虎視眈眈等待機會，想要以某種型態體現。

香港人的混血腦，將會如何反映在其社會和歷史上？反之，香港社會和文化在港人形成混血型頭腦時，又造成了什麼影響？**香港就像所有殖民地，是一個身分劃分明顯的社會**。英國人和中國人從起跑線開始就不同，不僅如此，中國人當中也只有少數菁英能被選為前往殖民地的「忠誠」工人。相較於以單一文化或民族為主體的社會，這種成長環境勢必造成完全不同的特徵。

舉例來說，**香港人的個體性很強，非常重視利害關係**。以我的感受而言，面對難以回答的問題，他們一貫的態度是迴避、不正面應對。當然，這也有可能只是個人特質（我經常詢問接觸過香港人的中國人或臺灣人對其感受），如果這種情況相當常見，那可能反映社會心理的某個層面；換言之，這類型的社會特色又會在形成個人性格時，再次帶來巨大影響。

有段時間，在香港七百萬人口中，有多達一、兩百萬人走上街頭抗議要求民主，但還是有五百萬人沒有參加。仔細分析他們沒有參與的原因，似乎能快速理解香港社會。不僅是香港，所有地區（國家）都可以如法炮製。人們走上街頭為的是要求香港民主化、獨立，或是不滿香港的現狀。那麼，難道沒有參加抗爭的人就對此滿意嗎？還是說他們只是選擇不表態？當然，這其中有人極度厭惡示威，更有人反對。

也許世界上並不存在事實，只有意見分歧的後真相（post-truth）。社會心理學家庫爾特・勒溫（Kurt Lewin）表示：「人類的行為是個人和環境相互作用的結果。」因此，我想要帶著這樣的問題意識，來觀察香港認同感是如何形成、分化與重組。

我使用的方法論主要是神經科學（大腦科學）、社會心理學等，但也可能是馬庫斯・加布里埃爾（Markus Gabriel）所說的「新實在論」（New Realism）。針對這個理論，他比喻：「為什麼人可以吃聰明的海豚，卻不能把愚蠢的人吃掉？」他接著說道，文化背景的不同，造成了文化差異。它會幫助我們，或者讓我們產生完全不同的想法，像是有些地方禁止吃狗肉，但在其他地方，狗肉卻成了美味的滋補品。

在我抵達香港不久後，曾遇過一對小倆口房東。男生是職業足球選手，訓練結束後，他一定會在回家路上買一隻烤鴿子。他一邊看著電視上播放的歐洲足球比賽轉播，一邊配著啤酒吃鴿子，吃得津津有味。有一天我問道：「象徵和平的鳥可以吃嗎？」他反駁說：「吃進肚子就會和平！」儘管如此，我還是花了很長時間才接受美味的鴿子肉，並感受肚子裡的和平。在韓國長大的我和在香港長大的他，想法如此不同，成長環境造就出各自的認知結構。

在我長期關注「中國－香港體制」意識衝突的過程中，想到以下小故事。正如大家所知，要穿短袖還是長袖，是個人選擇的問題。但現實情況是，很多人或國家將此視為是非題，而且還強加給別人。**一個地區（國家）的文化背景——認同感——是如何形成的？又會對該地區（國家）的文化產生什麼樣的影響？**

在奧地利和西班牙，穆斯林被貶低，並稱之為「蟑螂」，同樣都是人，卻被視作「他者」。中國之於香港、香港之於中國，對於具有深厚的國家主義和民族主義意識的中國人來說，主張獨立的香港人就是蟑螂。反之，對於嘗到英國式自由、自認是「英國人」的香港人而言，充滿國家主義思維的中國人才是蟑螂。如此看來，香港認同感的歷史，對於中國人來說，也可能是蟑螂的歷史，而香港歷史無異於是蟑螂的成長史。

中國和香港向來互不理解，也缺乏努力，偏見更帶來新的成見，不斷擴大、反覆出現。雙方只想找出證據驗證自己，在確認後，又再次強化「只有我才是正確」的群體內偏好[2]（In-group bias），同時也開始隨波逐流。從某一天起，蟑螂變成像大象一樣大的怪物。

當我們梳理從一八四〇年鴉片戰爭到現在的香港意識變化，將能從歷史中吸取真正的教訓。我想從這個角度整理香港歷史，而讀者將會明白，應該從中學到不願面對的真相為何珍貴，以及為什麼需要傾聽雙方的立場。

我會在本書探討**中國和香港的文化認同為何？有何不同？又是如何形成的？**然後，進一步追蹤**彼此為什麼會發生衝突？**我特別想把重點放在，為何會不得不發生紛爭這點上。歷史是矛盾的產物，矛盾造就出各自意識。地區、國家之間的矛盾，也是由此引起。

地區和國家是個人認同感的集合體。正如前面所說，本書是以人文社會的角度出發，目標是了解個人、地區、國家之間的認同感矛盾及其解決方法。

2 編按：指個體偏愛同屬一個群體的其他成員，不僅意識到屬於某社會群體，也認知到作為成員帶來的情感和價值。

第一章

因戰爭被推向經濟發展前端

對當時的清朝而言，香港是一個太遠、太難管理、即使割讓也不會太可惜的地方，於是便把這身分不明的小島割讓給英方。

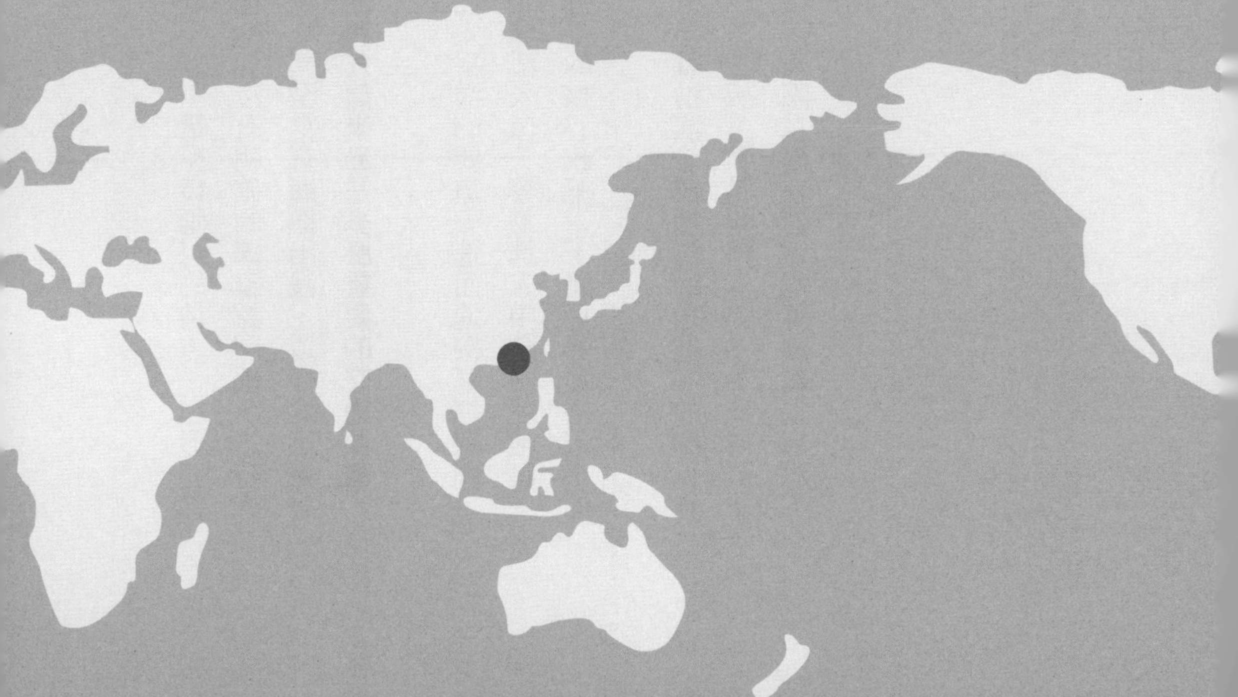

在一八〇〇年代中葉鴉片戰爭爆發前，香港島還是一個主權模稜兩可的地方。在形容此地時，經常會說它具有「曖昧的身世」，即生活在那裡的人沒有明確的國家認同感。當時香港是一個人口僅八千的漁村，不僅中央統治權無法觸及，甚至常有海盜出沒，這樣的**不毛之地卻受到當時發展帝國主義的英國關注——可見香港島和九龍半島是多麼重要的交通要塞**。只要攤開東南亞地圖或世界地圖，便能理解。

香港島是連接中國和東南亞的門戶，同時也是通往太平洋的要道，進而連接通往歐洲、非洲、印度和東南亞的海運；坐落於廣東省的血脈——珠江入口，容易進入中國內陸地區，且占據可以順流而上的黃海渠道。香港完美展現了習近平的核心政策——將世界連接起來的「一帶一路」藍圖。

香港島水位極深，是適合停泊大船的天然港口，很早就扮演後援補給的角色，並向世界各地在海上往來的人提供生活必需品。香港因鴉片戰爭而登上歷史前緣，不，是被推至前方。一八四〇年英國和中國開戰，在中國戰敗的兩年後，兩國在南京附近的英國艦上簽訂了《南京條約》，主要內容如下：

- 割讓香港島給英國。
- 開放廣州、廈門、福州、寧波、上海等五個港口。
- 向英國支付賠款和被沒收的鴉片賠償金。

- 廢除公行壟斷。
- 此條約是清朝與英國兩國平等交涉後的結果。

這是中國政府長久以來抱怨的不平等條約，如果說這是在帝國主義威脅下所簽，那麼缺乏近代武器就是戰敗的首要原因，也是他們至今都在拚命增強軍備的背景。

該條約最重要的就是割讓香港島，但對清朝來說，明顯是莫大屈辱。我們可以注意「割讓」這個詞，意思是「割下來讓給別人」，也就是說，香港將永久屬於英國政府。

持續兩年的戰爭是由鴉片引發，但《南京條約》中並沒有開放鴉片市場的條款。英國打從一開始便要求中國開放五個港口和廢除公行壟斷，光看這點就能知道其目標根本不是銷售鴉片。之所以非得把中、英之間的戰爭稱為鴉片戰爭，是為了藉由鴉片的不道德形象來譴責英國。

以過去的歷史為由，將外國塑造為無恥的存在，是煽動國民、使其成為支持政府勢力的最佳方法之一。此後，中國政府一直將鴉片戰爭當作尚方寶劍，因為這會讓政府看起來很有正義感、對百姓很好。

直至現在，每當與外國發生爭端時，中國都會指責對方是否要再次發動「鴉片戰爭」。不管是中國還是中國人，都難以擺脫這樣的被害意識，說不定那是他們為了生存所需具備的「恨」，即使為其消解，他們依然終生都會懷抱此情緒。

中國四億人口，吸鴉片根本不到一百萬

是時候該梳理鴉片戰爭爆發的原因了。首先，林則徐平時是高呼禁止鴉片的政治人物，而且他不斷向皇帝建言要根除鴉片。當時中國四億人口中，**吸食鴉片的人根本不到一百萬人，但以他為首的幾位地方官卻讓皇帝覺得事態危急**。勉強維持的和平就這樣被打破，鴉片只不過是改變世界秩序的藉口罷了。由於林則徐強行要求引渡犯人、禁止鴉片……導致與英方談判破裂，對於後續引發的結果他責無旁貸。不過**在一九四九年中華人民共和國建國後，卻將他神格化，塑造為救國英雄**。

「鴉片」近似英文發音Opium，是提取罌粟（Papaver somniferum）中尚未成熟的果實汁液後乾燥製成。以前我的高中生物老師曾在軍隊擔任軍醫，他常提到鴉片在軍隊裡屢見不鮮。他說：「只要夾帶一個出來，之後就不需要買止痛藥了。痛得在地上打滾的人，只要舔一下那塊黑黑的東西，也會馬上哈哈大笑。」

自古以來，鴉片既是毒品，也是藥材。實際上，鴉片是全世界都在長期使用的藥。無論是英國還是中國，鴉片都可以鎮痛或治療失眠。

鴉片於十三世紀左右傳入中國，到了明朝，已是頂級名藥。人們大約從十七世紀開始吸食鴉片，隨著使用人口擴增，十八世紀時朝廷甚至下達了禁令。十九世紀後，英國開始向中國出口大量鴉片。

英國在殖民地印度種植大量鴉片，而人口大國——中國——非常適合消費鴉片。不過也有一說，英國之所以選擇鴉片作為與中國交易的貨物，只是歷史偶然。總之，在明、清兩代，包括英國在內的列強持續要求擴大與中國的交易。

當然，也有很多學說反對中國的「鴉片戰爭」理論，關鍵是如何評價當時的中國。鴉片進口量日益增加，真的會導致國家面臨危機嗎？難道非得採取戰爭這一最後手段嗎？

我們常忽視一件事，低估維持現況的體制和秩序，且大腦經常受到「需要改變些什麼」的邏輯挑釁。日本思想家柄谷行人強調，維持現況是比變革更具革命性。

儘管和平比革命需要付出更大的努力，但人們的記憶力和耐力卻無法正確認知和平的價值。看看被美國定為「邪惡軸心」（Axis of evil）的伊拉克，從之後發生的難民混亂就可得知。考量到戰爭帶來的損失，便能理解勉強維持的和平有多麼珍貴。

站在清朝皇帝的角度來看，每個臣子的意見不盡相同，甚至地區呈報上來的內容也各異。當時，地方政府上交的奏摺，比起陳述事實，更重要的是逃避責任。在鴉片戰爭期間，明明是「屢敗屢戰」，竟有報告指稱「屢戰屢勝」，可見國家體系已非常混亂。

一九一一年成為中華民國大總統、後來再次稱帝的袁世凱，非常清楚這些問題。他設法派出特使來獲取準確消息，他會先派一個人去掌握情況，然後再遣出另一個人去打探，如果兩人意見一致，他就會直接相信，但若非如此，就會再派第三人去調查。

在鴉片問題上，作為最高負責人的道光皇帝越來越苦惱。鴉片不好嗎？百姓真的因鴉片而陷入水深火熱之中嗎？即使如此，鴉片應該還是能替地方經濟注入活水吧？這個奏章是否正確，還是官員為了逃避責任而編造？需要打破這個緊張局勢，還是勉強維持現狀？開放鴉片能獲得和平嗎？禁止鴉片能挽回自尊心嗎？不幸的是，歷史總是重視「正統」。如果禁止鴉片，能得到維護國家的正統性，那麼任何人都不會反對。

喚起愛國主義的最好工具

鴉片，真的對人體有害嗎？《南京條約》真的是不平等條約嗎？在這樣的條件下，「平等與否是由誰、以什麼標準決定？一九九七年香港移交，令中國政府相當自豪，但香港主權真的得還給中國嗎？這對中、英兩國都有好處嗎？」

中華人民共和國和中國共產黨的邏輯是，因為英國輸出印度生產的鴉片，這才使得清朝經濟崩潰、百姓陷入水火。此框架被稱為「愛國主義歷史學」，其特點是徹底將自己塑造成受害者，且一定要有救國英雄登場。當然，敘事方式總是過度自憐或以浪漫主義為基調。以下兩段落是迄今為止在學術界乃至普通民眾，廣泛流傳的愛國主義歷史學框架：

老百姓對鴉片上癮，為了買鴉片傾家蕩產，甚至國富（白銀）大量流失，因煙癮而「棄業亡國」。地方總督林則徐看不下去跑去說服皇帝，終於找回民族自尊心。為了對抗帝國主義的侵略、拯救百姓遠離毒品，進而防止國家資金外流，林則徐這位「愛國人士」挺身而出，受皇帝全權委託，南下廣州沒收並銷毀鴉片。

當時，英國知識分子批評：「在商人要求下，英國議會批准史上最可恥的戰爭。」其中，贊成兩百七十一票、反對兩百六十二票。中國朝野用無法抵擋英國的劣質武器迎戰，最終落敗。英方傷亡人數五百人，中方傷亡人數卻高達兩萬多人，可見這是多麼不公平的戰爭。中國為了防止更多損失，不得不簽訂不平等條約。

這時，鴉片成為喚起愛國主義的重要工具，要強調其暴力，也就是喚醒被害精神，才容易引起民族憤怒，有利於引起革命意識、愛國心。對於中國共產黨而言，這是相當必要的手段。此時此刻，這種被害邏輯也正在無限、反覆的擴散。

上述兩段論述，至今仍完全支配著中國人乃至東亞人所寫的中國近代史。

事實上，不能就鴉片在中國的擴散和白銀外流的狀況，向英國究責。首先，要分析中國社會的結構性問題。雖說當時施行銀本位制（Silver Standard），但不僅沒有訂定相關標準，且白銀不易攜帶。而鴉片之所以能廣泛流行，是由於其有效發揮貨幣功能。鴉片進口後，品質和數量維持一定程度，而且便於攜帶，因此逐漸成為以物易物的媒介。

歷史是一個非常複雜的動態過程，不該只歸咎於某個領導人的個人錯誤，或是某個國家的強制行為。

亞洲紙老虎，以超出預料的速度沒落

中、英之戰並非一次結束，雙方都不滿意《南京條約》。清朝政府對鴉片進口量增加及基督教傳道逐漸擴大、加深等感到不滿；與此同時，英國商品的出口量並沒有如預期提升、沒有在北京開設外交使館，也沒有確保傳教自由等，對此不忿。所以，英國虎視眈眈企圖找到機會修改條約，清朝官員褻瀆英國國旗一事就足以引發新的戰爭。

在此，應該關注的是象徵西方的基督教，有可能同時破壞中國的秩序和傳統思想體系，也就是中國意識。清朝早就有這樣的認知，因此從初期就非常謹慎應對。以教廷（Curia）為首的西歐勢力，為了獲得宣教自由不遺餘力。我認為，不論是不是基督徒，都需要深入思索此問題。

清朝的雍正皇帝在寄給教廷的信函中曾追問道：「你們可以接受中國

▲ 本圖攝於1900年1月15日港督府，赴廣州就任兩廣總督的李鴻章（圖中）船經香港，與香港總督卜力（Sir Henry Arthur Blake）（圖右）交涉九龍寨城。（圖片來源：維基共享資源〔Wikimedia Commons〕公有領域。）

的喇嘛教（正確名稱應為藏傳佛教）嗎？」對於以中國認同感為挑釁目標的他們，雍正皇帝以相同問題反擊。直到現在，中國政府仍然緊緊關注基督教的傳道，由此可見，這確實無法輕易解決。

第二次鴉片戰爭比第一次更加激烈。英、法兩國占領天津，並與中國簽訂《天津條約》，允諾基督教傳道自由和開放北部港口等，但由於過程並不順利，於是英、法再次聯手攻擊北京。他們也是在這時攻入圓明園，將其徹底破壞殆盡。

一八六〇年簽訂《北京條約》，開放天津港與割讓九龍半島給英國等；俄羅斯也要求給予相同待遇，於是中國又割讓了黑龍江省以北的領土和沿海地區。

中國暴露的弱點和受損的權威，被帝國主義勢力長期利用，這也反證了世代艱難維繫的和平有多珍貴。從這時起，被公認為紙老虎的大國，以超出預料的速度沒落，在眾人的擺布下，付出更大的代價來施行現代化。正因如此，中國對境外勢力懷有千古「恨」。

現在的香港，是由香港島、九龍半島和新界所組成。法國租借廣州灣後，英國以安全為由索求更多土地，並以《展拓香港界址專條》[3]借用了目前香港總面積的九成，租賃時間為九十九年，到期日是一九九七年六月三十日（一八四二年簽訂《南京條約》割讓香港島、一八六〇年簽訂《北京條約》割讓九龍半島、一八九九年還包含新界地區等）。

3 編按：又名《第二北京條約》。

▲ 往返香港島和九龍半島的天星渡輪。

第二章

你是英國人還是香港人？

在香港生活時，我常覺得香港人誤以為自己是英國人，將中國人和來自東南亞的勞工當成「他者」。

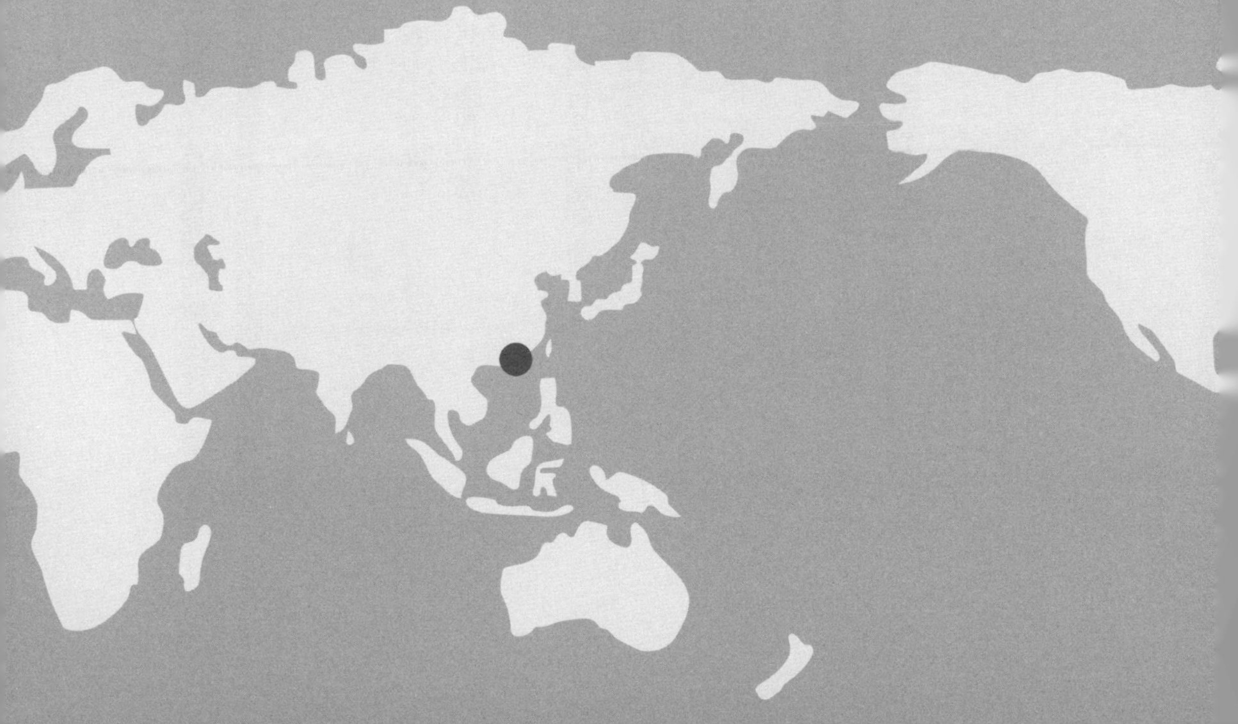

香港，從一八四二年到一九九七年，長達一百五十五年，一直是英國的殖民地。雖然香港在一九九七年回歸，但早在一九七〇年代起，就已展開協商事宜。在與中國的漫長談判，英國先後提出以下建議：

- 既然是主權移交，那就要包括當事者——香港代表——來進行三方會談。
- 香港島和九龍半島是清朝永久割讓的領土，因此並非談判主體。
- 希望能延長新界地區租借時間。
- 讓香港獨立，變成像新加坡那樣的城市及國家，且須符合兩國利益。
- 即使將主權還給中國，也希望能在一定期間內行使經營權。

英國的所有提議都被拒絕了，當時中國政府決策者鄧小平的回應如下：

- 香港本就是中國的一部分，不能承認香港代表的正當性，三方會談自然不成立。
- 《南京條約》本身是不平等條約，割讓香港島和九龍半島在原則上無效。
- 新界出借的九十九年期限已過，請歸還。
- 中國已經在準備開戰。

一九八二年九月，鄧小平和柴契爾夫人（Margaret Hilda Thatcher）在北京舉行會談的第二天，香港各大報紙的頭版都刊出柴契爾夫人在會談結束後、走出人民大會堂時，在樓梯上失足的場面。時至今日，坊間都認為當時鄧小平的氣勢勝過柴契爾夫人。

一九九七年七月一日零時，在填海造陸的香港會議展覽中心（Hong Kong Convention and Exhibition Centre）舉行「主權移交儀式」，香港終於結束了漫長的英國殖民統治，可謂是歷史性的瞬間。中國代表江澤民主席一臉感慨，英國代表查爾斯王儲[4]（Prince Charles）則表情悲壯。

香港末代總督彭定康（Chris Patten）在他五年任期內，始終如一的推動香港民主化，他的女兒在離開現場時流下了眼淚，一度成為人們議論的話題。

彭定康對香港而言是特別的存在，在他就任之前，香港朝野曾盛傳，最後一任總督將會是比英國首相更有影響力的政治人物。正如大家所料，他的行動確實與眾不同，似乎要為了英國的利益而竭盡全力。與歷屆總督不同的是，他沒有獲得英國女王授予爵位，也沒有穿總督服裝就走馬上任了。

▲ 1982年9月，鄧小平和柴契爾夫人在北京會談場面，取自《紐約時報》中文網新聞，請掃描QR Code。

4 編按：於二〇二二年九月八日繼位為英國國王查爾斯三世（King Charles）。

當所有提案都被中國拒絕後，英國被逼到絕境，只剩下香港民主化這張牌。因此，彭定康發表政治改革方案，大幅增加立法會直選的議員人數、將地方議會的議員選舉改為直選、首次任用在香港的中國人擔任國務總理和財政部長，並在他任職期間持續發表重要談話。因為他相信，香港要民主化，才能永遠守護英國利益，但為時已晚，那段時間絕對不足以讓香港人學習民主。

中國政府稱彭定康是千古罪人，譴責他推進香港民主化進程。而彭定康堅信，自己撒下的民主種子將會茁壯成長，並在未來發揮該有的作用。雖然那股力量不足以撼動中國，但他相信中國政府絕對無法阻止香港發展民主化，結果他錯了。

香港人原本是「英國附屬領土公民」，也就是英國聯邦的公民，有權得到英國領事館的保護。

彭定康在離開之際，給予五萬名香港中產階層「英國海外公民」ＢＮＯ的資格，這是能永久居住在英國的權利。他囑咐說：「不要擔心，隨時都可以來英國，希望你們能為香港民主化盡一份心力。」

他把最後的希望寄託在香港菁英階級身上，期待他們能牽制中國這股新力量，帶動香港民主化，英國政府似乎已完成力所能及的工作，但在結束之前都不算結束。現在回想起來，中國打的算盤勝過英國按的計算機。

英國政府說移交，中國政府堅持回歸

隨著時間流逝，香港自然擁有與眾不同的意識，那是漫長歲月的造化。個人、地區、國家認同無法一蹴可幾，但也不是一時片刻就能消除。

所有關係和衝突都是認同問題。不僅是人、理念、宗教，就連地區與地區、國家與地區、國家與國家、文化與文化的矛盾等，都源於此。

眾所周知，香港從一九九七年回歸後到二〇一九年間，示威行動接連不斷。我認為，這是香港和中國雙邊的「認同感矛盾」所致，當兩種意識發生衝突，並不容易解決。如果能輕易劃下句點，示威又怎麼會持續那麼久、那麼激烈？

雖然有點可笑，但我私下偶爾會被問到站在哪一方，那時我會回答：「好，從現在開始，我會站在『親港』的立場，然後會再站在『親中』那方。請在聽完之後，再判斷我屬於哪一邊！」本書我也將遊走在「親港派」、「親英派」、「親中派」，至於我是什麼立場、站在哪一邊，請讀完後再做論斷。

香港是由殖民者英國所建，完全按照該國的哲學和意志在經營。有人說英國成功，也有人說失敗，還有人說，港人根本生錯地方，因此在香港取得的所有成果都是徒勞，更有人說，無論主人是誰，重要的是居住在當地的居民幸不幸福。

就像人生一樣，有幸福和不幸的時候。香港在被割讓一百五十五年後再次更換了主人。

對此，說不定有些讀者會反感，何來易主之說，分明只是小偷，不，是強盜把搶走的東西物歸原主。

每次我在課堂上講到香港時，都會先說以下這段話，這是一九九七年香港回歸時，港人經常說的比喻。我希望各位能記住，直到闔上書的最後一頁為止。

爸爸（中國）：「爸爸回來了，現在我會照顧你！」

孩子（香港）：「你已經一百五十五年沒來找我了。我沒有爸爸也活得好好的，現在何必來說什麼爸爸，我們不需要。」

中國和香港曾就一個詞彙進行心理戰。**英國政府說「移交」，中國政府則說「回歸」**。大家都能感受到前者隱含欣然交出本來可以不用給的東西；反之，後者卻表現出得到原本應有之物的理直氣壯。總之，一九九七年香港主權名正言順的「回歸」中國政府，而如今此一詞也被廣泛使用。

如果香港只是普通的殖民地、或是在被殖民者剝削後獨立，也許就不會受到如此關注。正因香港沒能獨立，而是進入了「另一個」國家——中國，才有這麼多內容可談。

香港也被稱為「東方明珠」，有美麗、閃耀、高價之意，同時它還有另一層意思，無論是居住還是從商，這都是再好不過的地方。因恥辱的歷史而誕生的殖民地，竟被稱為「東方明珠」，或許是個不恰當的形容，但出現如此稱呼肯定有其原因。

我在一九八四年《中英聯合聲明》發表的幾年後抵達香港，那時中、英曾針對如何制定香港憲法《香港基本法》，展開激烈的角力。**香港人常把「移民」一詞掛在嘴邊**，社會氛圍非常混亂。

觀察香港人對我而言是一項遊戲和實驗。「你覺得英國如何？」、「對英國統治有什麼看法？」、「回歸不是一件令人高興的事嗎？」上述這些問題，是在見到我的香港朋友前必須忍住不問的話題。

在到達香港之前，我期待的是，他們對英國帝國主義的憎惡和試圖推翻的氛圍，我甚至以為香港人可能會對此感到憤怒。說到底，「英國佬」到底是什麼樣的人？

「第二次鴉片戰爭時，為了加大對清朝的壓迫力道，那些英國佬竟放火燒毀美麗的圓明園，並肆意掠奪！康熙、雍正、乾隆等歷代皇帝傾注心血的夏季行宮，由於英國的貪欲在頃刻間化為灰燼，身為中國人絕不可能忘記！人類偉大的文化遺產，因這群海盜如此虛無的消失了。」這是在我第一次抵達香港之前，長期以來懷抱的想法。

對於當時的韓國年輕人來說，這是理所當然的期待，因為我們長年處在瀰漫民族和民主話題的校園裡。然而，無論是第一次遇到的香港人，或是認識多年的香港朋友，他們不僅沒有忿恨英國，反而充滿驕傲，覺得被該國統治的自己就像英國人一般。他們的自豪感越強，我自認了解香港的自信就越萎縮。

我產生了強烈的疑問。在英國佬嚴重荼毒下，重新獲得土地的「中國人」怎能這樣？他們不是正港中國人嗎？這些人為何如此墮落？難道他們是只在乎吃飽、睡飽的豬嗎？

在香港生活，或與香港人對話時，我常覺得他們誤以為自己是英國人，每次都將中國人和來自東南亞的勞工當成「他者」。**他們用「強者與弱者」、「先進與落後」這種二分法判斷世界，完全就是在模仿英國佬的行徑。**

英國統治飛躍成長，日本統治生活悲慘

前面提到，香港一百五十五年來一直都是英國的殖民地，但準確來說，要減掉三年八個月，因為當時它曾受到日本統治。從一九四一年的聖誕節到一九四五年八月十五日日本帝國主義無條件投降為止，在這段時間裡，香港經歷了兩個國家的殖民統治，不過他們對歷史的闡述卻截然不同。

在香港歷史博物館的常設展覽《香港故事》中，稱在日治時期處於「半身不遂」的狀態，並在恐怖中過著悲慘生活。當然，實際情況確實非常惡劣，因糧食供應不足，有些民眾甚至被迫遷至中國。相反的，英國統治時期總是被包裝成跳躍性的經濟發展，也就是說，日本和英國統治的歷史陳述出現了極大的偏差。[5]

英國統治時期一切似乎都很完美。在香港歷史博物館的說明中，始終講述「從不值一看

的農家漁村搖身一變成為英國殖民地」的故事，還整理出歷代二十八位總督的政績。但只有列舉政績，並沒有提及實際作為，沒有一句批評，而是給人一種功德圓滿的感覺。

舉例來說，香港（英國）政府[6]在開港初期就已經明白郵政服務的重要性，因此在現在的聖約翰座堂（The Cathedral Church of Saint John the Evangelist）

▲ 從叮叮車內看到改建過的英國殖民時期香港的當鋪建築。

5 作者按：相關內容請參照拙作《香港弱化》。

6 作者按：為了正確稱呼英國管轄的香港，應該稱為港英政府，香港人口中的主流中國人應該稱為香港中國人，為了便於讀者理解，會特別標記為香港政府、香港（英國）政府、香港人、香港（中國）人。

援者。

附近開設非常小的郵局。隨處可見這種親切的紀錄，不禁讓人覺得，英國可謂是港人的救援者。

中、英兩國展開香港回歸談判後，香港人的思維變得複雜。在中國政府的干預下，他們淪落為無法為自己辯護的賣國賊，當香港人為自己辯護的瞬間，便成了千古罪人。

從一九九七年回歸至今，中國政府一直傾注全力重新編寫香港歷史課本。《香港國安法》於二〇二〇年六月底生效後，中國《人民日報》報導稱當時的教科書內容是「毒教材正在荼毒香港學子」、「學生們都因課本而看不到希望」。最近則出現新的教科書草案，內容強調「英國統治香港違反國際法」，並著重香港人也是中國人。

政治和歷史陳述有著緊密的關係。無論是博物館、媒體報導，還是教科書，我們都有必要重新思考隱藏在其中的涵義。文字記載的歷史，有多大程度符合史實？不，也許從一開始，闡述歷史本就是不可能的事，這也是為什麼要時刻保持清醒，盡可能根據事實來描述香港歷史！

第三章

過客心理，隨時都可走人

誠如大家所知，過客沒有責任，也沒有理由要永遠住在那裡。「過客心理」是香港社會的致命弱點，因為只要再離開一次就行了。

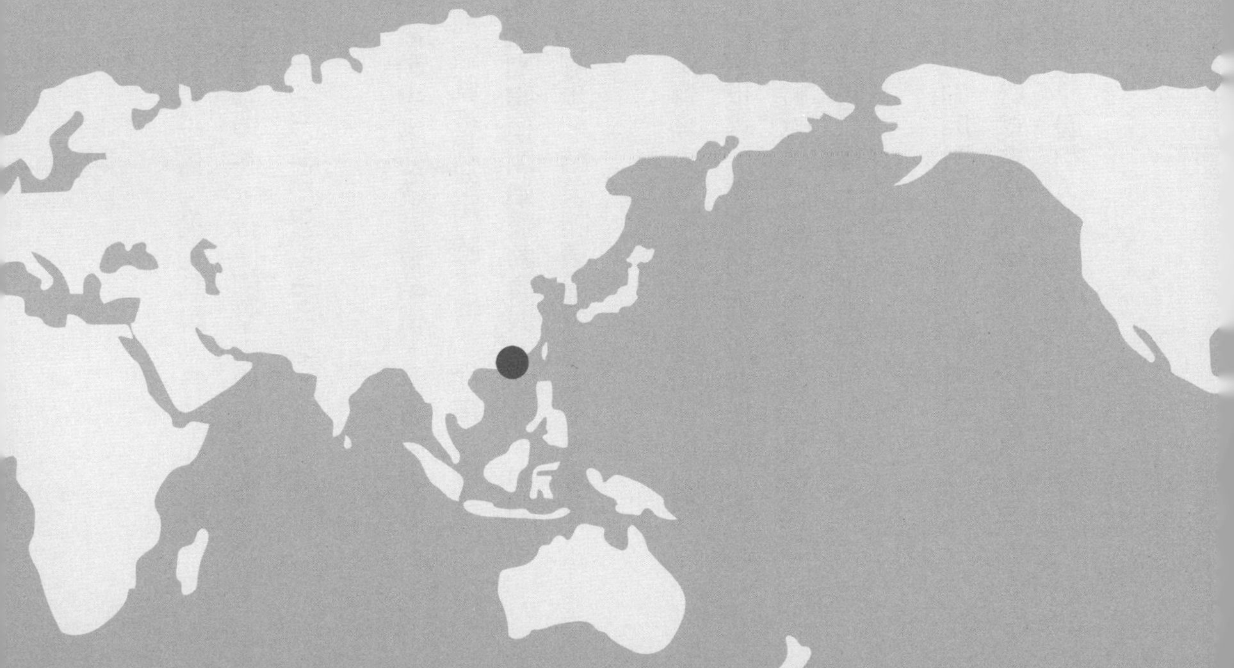

一八四〇年鴉片戰爭爆發後，香港人口在六十年內增加五十倍，換句話說，等於在中國旁多了一個國家——英國，而且還國力強大。無論是過去還是現在，行使國家主權的地區都是最好的避難處，再加上英國和香港都採取「抵壘政策[7]」（Touch Base Policy），因此不管是誰，只要進入香港，就可以在該地定居。

被判定為中國近代化起始點的鴉片戰爭，一下子便撼動中國傳統社會結構。當廣東省沿海被納入英國海軍的管轄範圍後，原本在該地活動的海盜就被趕至內陸水道，從事運輸業的工人受其影響而失業，在混亂中，互助團體或宗教祕密團體便開始蓬勃發展。此外，中國人口數在一八四〇年代增加到四億，但行政組織卻跟不上腳步，結果陸續爆發像太平天國等內亂。

一八四一年，英國占領香港島時，就宣布香港成為自由貿易港。不僅是在表明往後的野心，也可看出他們早在十九世紀中期就以自由港的概念展望世界。香港很早就成為任何人都可以通商來往的自由港口，而且還有零關稅政策，所以轉口貿易[8]（Entrepot Trade）也很盛行。可以確定的是，只要沒有進出口關稅，商品價格就會變得低廉，交易也會變得熱絡。在貨品流通和交易變活躍的同時，人們也開始聚集。

凡事都有好壞兩面，有些地方飽受戰爭摧殘，有些地方則因戰爭特殊需求而繁榮。社會混亂總是為鄰近地區（國家）帶來經濟活力，就像日本因韓戰奠定經濟快速成長的跳板、韓國因越戰確立經濟發展基礎，香港在殖民初期，也因各種戰爭吸引人力和資本。一九六〇年代，更得益於越戰，再次實現跳躍性成長。

不僅是香港，中國的其他租界也是以同樣的方式「進步」。租界是指外國人能在中國領土上行使行政、警察、司法等權力的地區，一八四五年，英國在上海首次建立租界，而後列強只須向中國支付地租，實際上那處也早已不再隸屬於中國。正因如此，上海租界得以擺脫中國國內的各種動亂，過上安全、資本集中，並且繁榮的生活。

自清朝在甲午戰爭（一八九四年）中戰敗後，租界數量急劇增加，區域也逐漸擴增，英國、日本、俄羅斯、德國、奧地利、義大利、比利時等國，在中國二十八個地區都擁有租界，並可以直接進行投資。由於眾多國家投資中國的貿易業和銀行業，因此擴大了能支配中國經濟的權力。

從此意義上來講，包括香港在內的眾多租界和租借地，可說是中國近代史上的恥辱，會對西歐等國產生警戒心和受害意識也不為過。中華人民共和國政府以不能忘記過去為由，經常讓人民想起邪惡的帝國主義，「受害者邏輯」是讓國民強化國家認同的最基本方法。

中國政府和中國共產黨毫不猶豫將整個中國近代史描繪成「被害的歷史」，無時無刻不

7　編按：是港英政府針對中國內地非法入境者實施的難民政策。
8　編按：又稱中轉貿易或再輸出貿易，是指國際貿易中進出口貨物的買賣，不是在生產國與消費國之間直接進行，而是透過第三國轉手進行的貿易。

在傳播和灌輸這種邏輯。為了達到目的，鴉片戰爭是最好的題材。此時，在中國共產黨的領導下，鴉片成為建立中華人民共和國認同感的重要媒介，其引發的弊端是引起人們憤怒的最好手段。因為人民的怒火，是中國共產黨存在的理由，同時也有了正當理據。

英國統治時，中國意識相對濃厚

香港人口在一八四二年初已增加至兩萬人。除了有法院、郵局、土地登記處、監獄等政府機構外，還出現碼頭、倉庫、商店、娛樂街、賭場等商業設施。據紀錄顯示，一八四五年拜訪香港的歐洲人，對其規模感到驚訝。香港是合法與非法貿易共存的轉運站，中國的茶葉、絲綢、陶瓷、砂糖、染料等，透過香港走出國門，也從海外引進羊毛、服裝、金屬、印度棉……。得益於活躍的轉口貿易，自開港二十年以來，共有七十間外國商店進駐。

當然，鴉片走私仍是大宗。從一八四〇年起算的二十年間，英國透過鴉片賺取的淨利潤增加了六倍之多。十九世紀的香港，也有很多走私鴉片的公司，他們不僅擁有船舶，甚至還有護衛艦隊，至今還健在的「怡和洋行[9]」（Jardine Matheson）就是其代表。不過，海盜問題也沒有完全解決。一八四四年，一百五十名海盜曾掠奪香港島海邊的倉庫，海盜船隊更是圍堵維多利亞港東、西兩側，導致貿易癱瘓。

「我們能理解和接受與我們不同的人到什麼程度？」自古以來，我們常會輕視、蔑視山另一頭的人、河另一岸的人，因為他們與眾不同。吃的、穿的皆不一樣，口音上有差異也是在所難免。更何況，當時在香港，已有不同膚色、長相的人種生活，其中一方是統治者，另一方則是被統治者。

之前提到，中、英雙方都不滿意第一次鴉片戰爭的結果，故而第二次戰爭的預兆不斷，像是英軍炮擊廣州；在香港的中國人，不僅在英國砲兵團用餐時下毒，還在中環街市縱火，同時也有英軍遭海盜殺害等。一八四九年澳門總督被暗殺後，香港當地還盛傳廣東省當局懸賞並緝拿總督頭顱的流言。

一八五〇年代，東南亞各地持續發生殖民地抗爭，特別是第二次鴉片戰爭期間，香港人心惶惶。代替中國皇帝管理廣東和廣西的兩廣總督，下達了中國人不要幫助白人的指示，同時懸賞白人頭顱，並在香港和廣州的街道上，貼出「要殺害英國蠻夷、放火燒掉他們房屋」的海報。

廣州外國貿易館被燒毀、外國船舶被俘、在香港的外國企業遭到襲擊、公務員被傭人殺害……。一八五七年，包括總督夫人在內的數百名歐洲人因食用被摻入砒霜的麵包而中毒。直到這時，**比起身為香港人，作為「中國人」的意識更加強烈**。

9 編按：前名渣甸洋行，是一家英資洋行，遠東最大英資財團。蘇格蘭人威廉・渣甸（Dr. William Jardine）透過在中國與印度等地販售鴉片起家，推動英國對中國發動鴉片戰爭以便促進貿易。

在英國殖民初期，中國底層居民大舉湧入香港，此後逐漸形成多種社會階層，像是太平天國時期，富裕階級為了躲避動亂；一八五六年第二次鴉片戰爭時，廣州民眾縱火燒毀了廣州十三行（Thirteen Hongs of Canton，獲准與外國商人交易的十三家企業）等。當然，也有很多來自世界各地的華人，因夢想致富而湧向新天地——香港。

過客，是香港認同感的最佳寫照

理查·尼茲彼也分析生態環境對經濟與社會結構造成的影響。中國由平坦的農田、低山、可航行的河流所組成，適合發展農業，有利於中央集權。因為種稻必須共同作業，需要成員間相處和睦，以及複雜的社會制約。

另一方面，希臘由群山組成，更適合狩獵、畜牧和貿易，是個無須合作的共同體。希臘比中國晚了兩千年才引進農耕定居生活，他們和中國人不同，不必透過犧牲來換取和諧，而是可以在更多領域行使自主權。當然，還能養成在市場或廣場上自由討論、爭論的習慣。

理查·尼茲彼認為，中國人不斷關注社會狀況，有利於掌握整體脈絡。如果發現自己身處在一個由社會義務和人際關係組成的人群網絡中，自然就能認知到，這個宇宙不是由獨立且不連續的原子結合而成，而是以各種連續的動態組成。另一方面，希臘人聚焦在事物本身，並關注事物之間的共同規則，畢竟世界是由各項事物構成，且每個事物的行為都是由其內部屬性決定。

日本腦科學家中野信子在《正義中毒》中，直接點出「外國人來日本居住會怎麼樣？」的問題。結論是，外國人不會在一代之內改變，但環境因素會比個人基因的影響力更大，最終也會變得像日本人。香港人是從旁邊的中國移居過來，不過由於接觸到完全不同的環境，名義上雖是中國人，但在文化上肯定會形成新的歸屬。

另外，中野信子也明確表示，環境因素不會輕易更動，因此日本人的思考方式和社交型態也不太會變，而香港也是如此。

我想把兩種屬性都套用在香港人身上，他們既是中國人，也是希臘人。就算港人覺得關係乃至合作很重要，但他們長期接觸的是保障更多自主權的環境。

一九一一年中華民國建國、一九二〇年代軍閥混戰、一九三〇年代抗日戰爭等，撼動中國的大事件都讓難民絡繹不絕的前往香港。到一九三七年底，香港人口數已突破一百萬，難民開始湧入的關鍵時間點是一九四〇年代後期。即便在日治時期有暫時減少的趨勢，但國共內戰時，難民數量再次暴增。一九四七年，香港人口達到一百八十萬，在中華人民共和國建立的第二年，即一九五〇年，人口增加到兩百三十萬。

我們一直幻想擁有不受壓迫的空間，夢想和能力可以在其中得到發揮與認可，而香港為躲避戰爭、厭惡社會主義的難民，提供了理想。對於一邊說「我討厭共產黨」、一邊逃離的人，香港就是自由的象徵，為了尋找自由，他們冒著危險跨海而來。

人口流入確實能提供廉價的勞動力，卻也伴隨著居住、教育、就業、醫療等問題。由於一下子湧入狹小的香港無法承受的人數，當地政府只能採取特別對策。一九四九年首次設立中國－香港的邊境，這是形塑國家認同的重要出發點。有很多學者主張，香港人的認同感是從那時開始形成。

一九五〇年代末期，中國「大躍進」失敗和蝗害，造成數千萬人餓死。反右運動[10]和文化大革命等引發的政治迫害，令人無法想像，許多人因此逃到香港。回顧中國肅清資產階級的歷史便可得知，他們是逃到香港才保住性命。

根據記載，從一九五〇年起的二十年間，有九十萬人突破這種殺戮局面，從中國進入香港。文化大革命結束後，得益於中國的鬆綁政策，移民人口急劇增加，到一九八〇年，香港人口超過五百萬，這正是它被稱為「難民城市」的原因。

在與香港朋友們對話時，一定會聽到其父親或爺爺從何時、何地而來的故事，他們翻過鐵欄，走陸路，渡海而來，無論是哪本書，作者簡介中都少不了逃離中國的經歷。這與韓國人在韓戰時投靠南韓是一樣的道理，香港人也是如此。

在了解香港人時，這種躲避戰爭、逃離中國共產黨壓迫，並尋找和平與自由的故事非常重要，因為這是構成他們認同感的依據。在中國社會主義政權建立後，跑到香港避難的一百七十萬名菁英，成為日後發展的主角。

一九八四年中、英兩國發表《中英聯合聲明》，宣布香港回歸。至於，到底是還給中國還是中國共產黨，頓時讓香港的股價和房價暴跌，命懸一線的危機讓當地人再次想出逃。

「當初在中國，我爺爺是地主，被批鬥時連一句辯駁的話都沒機會說就被槍斃了！我父親只是對朋友坦白了一句話，就被當成右派，一輩子關在監獄裡！文化大革命時，我必須公開宣布他不是我父親！媽媽回家哭著抱怨，弟弟立刻舉報她，結果便在拷問中喪命！我們一家人怎麼遭殃、我是如何逃出來，又是怎麼活下來的？」主權移交，再次觸動了從中國逃離的香港（中國）人的傷口。

我聽到很多香港朋友自言自語說：「共產黨要來了。」象徵香港人認同感的詞語是「過客」，意思是路過的客人，也就是說，隨時都可以離開。誠如大家所知，過客沒有責任，也沒有理由要永遠住在那裡。很多學者認為，**「過客心理」是香港社會的致命弱點，因為只要再離開一次就行了**。

在香港即將移交之際，當時主要的社會話題是「海外移民」，我認識的香港朋友都把這個詞掛在嘴邊，加拿大和澳洲大使館前大排長龍。最近，和香港同病相憐的臺灣，以及強調對香港負有永遠責任的英國政府，紛紛更加積極接受香港移民。

一九八七年有三萬人移出；一九八八年，四萬五千人；一九八九年，四萬兩千人；一九九〇年，六萬兩千人；一九九一年，五萬八千人；一九九二年，六萬六千人。換言之，

10 編按：中國於一九五七年發起的第一場波及社會各階層的群眾性大型政治運動。

從一九八四年起算的十年間，共有六十萬人逃離香港，相當於總人口的十分之一，他們大都是社會中產階級——這就是所謂「人才外流」（Brain Drain）現象。

那時我的指導教授在餞別會上，很認真的問我：「在國外生活如何？你身為韓國人，現在不正是身處在外國『香港』嗎？」我聽說老師正在準備移民澳洲，他是香港著名的人文學者，也是「親臺派」的領導人。他相當右派，崇尚孔子，也熱衷傳播儒家思想。

如果香港回歸中國，那麼他必然會受到活動限制。而我卻非常厭惡這種（像難民一樣）極為「自私」的香港人，還有徹底貫徹個人主義的社會。

後來，老師動身前往澳洲，彼時我覺得他做了一個愚蠢的決定。儘管老師的高知名度令他在澳洲華人社會受到款待，但我深感懷疑他能否像之前一樣幸福？但如今看到香港沉悶又可怕的局勢，我覺得老師果然有先見之明。

新人海戰術——用人口來接收香港

在討論人口流入時，應關注被稱為「新移民」或「新香港人」的這群人。中國改革開放後，非常多人湧入香港。兩邊政府在討論過後，修改移民政策，但各自的訴求卻有所不同。

香港政府必須應對人才外流，而中國政府需要因應未來該如何解讀香港的國家認同，於是後者決定從申請者下手，再放行讓他們移民香港。香港政府從一開始就沒有審查移民的權力，全由中國政府管轄，他們選拔有助於將香港意識轉變成「親中」的人才。改變國家或地區認同的最簡單方式就是「輸入思想」，即被選中之人必須具備高度的中國意識。

從結果來看，**新移民政策是中國政府事前準備好的應對方案，目的是提前因應未來可能發生的輿論主導權之爭，也就是用人口來接收香港**，而香港朋友們稱其為「新人海戰術」。從一九八二年起，每天會有七十五人移民過來，到了一九九五年，每天則有一百五十人。雖然統計數據不甚精確，但現在香港的七百多萬總人口中，中國人就占超過四成。

他們因語言不通、學歷低、無法自立、生活習慣差異等，未能適應香港社會。當地人輕視這些對當地社會福利虎視眈眈的新移民，並把他們叫做「蝗蟲」。而他們天生具有親中傾向，日益壯大後，形成一股牽制「親港派」的勢力。此後，對於香港當前的熱門議題，這兩種認同感處處對立。

▲ 收藏於香港海防博物館（Hong Kong Museum of Coastal Defence）裡關於不平等條約和割讓香港的畫作。

第四章

老一輩親中，新一輩親港

「要追隨民族性，還是實際利益？」港人生來便注定要回答這問題。

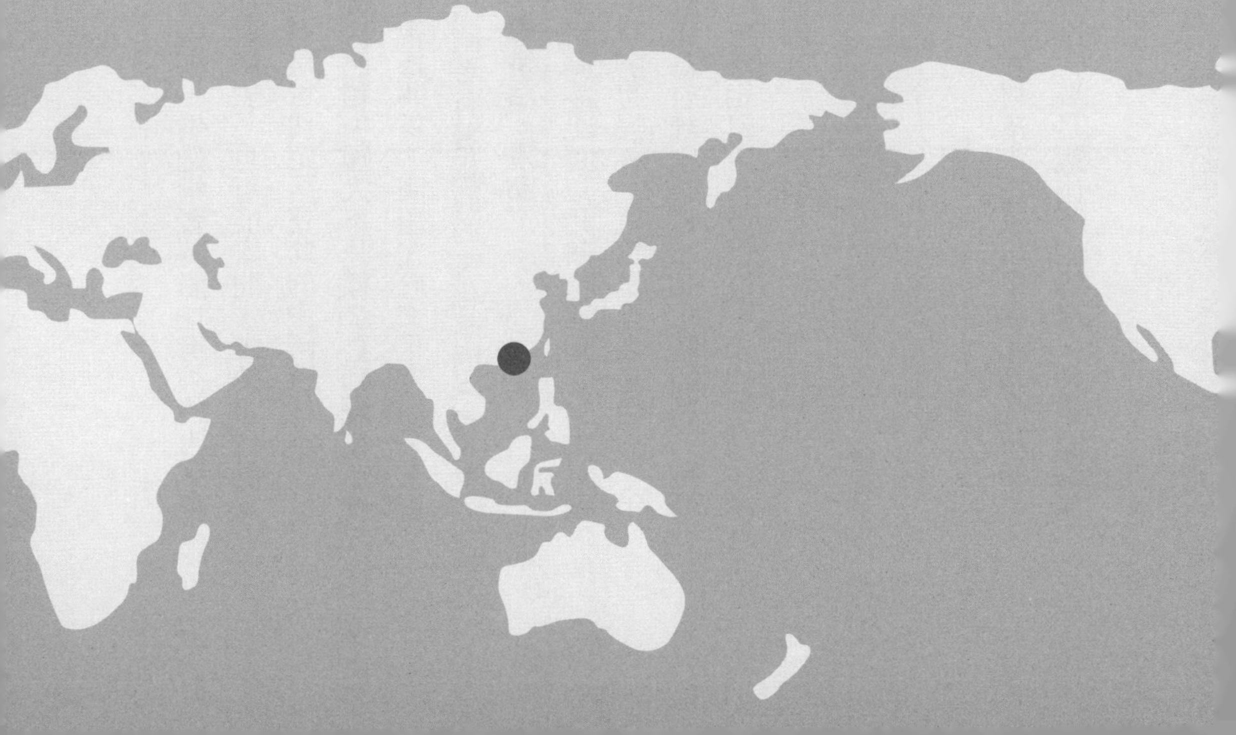

看著香港人，我不禁想起「華僑」一詞。華是中國美稱，僑是指暫時居住海外的人，換句話說，華僑指的是暫時居住在海外的中國人，隨時都會回去，也可能離開。由於這個詞太像無家可歸的可憐人，於是又創造出「華裔」，代表他們是世代定居在此的中國後代。

香港人是華僑還是華裔？他們是從何時開始，覺得自己和中國人不一樣？直到現在，香港人的血統仍源自於中國，因為大部分人都和中國人有親緣關係。問題在於文化方面，從重視春節、飲食相似、喜歡喝茶、崇尚孔子等，可以看出兩者有著相同的文化基因（Meme，又稱模因），但也有**許多是香港獨有的，比如繁體字、香港話、港點**……。

如果用南北韓來說明，大家應該更容易理解。南北韓基本上可以用韓文溝通，但由於政治體制和理念完全不同，詞彙、風俗也有所差異，所以常引起誤會，這也是分裂超過七十年的緣故。韓國人經常自稱是單一種族（民族），但一般認為血統、語言、文化基因等，是構成種族意識的主要要件，可標準其實很難界定。「什麼東西相似、有多相似，才能進一步說彼此相似？」希望讀者在閱讀時，都能時刻想著這個問題。

文武廟，以華制華的自治政府

理查·尼茲彼說，中國人的同質性源於中央集權，即在村落中造就出重視和諧的規範。不過，在這種日常底下，很少有機會與想法不同的人見面，要是提出不同意見，便會受到制裁，因此沒有必要制定新程序，尋找能達成協議的中庸之道才是重點。

海外華人社會的最大特點是宗教設施，也就是廟宇。在中國人居住的地方，會最先蓋出廟宇，不僅是香港，而是整體中國人社會的特色，利用廟宇或宗親會，解決族內的紛爭。

幾年前，我在泰國華人作家協會舉辦的研討會上聽過一個故事，**世界華人社會的衝突都是由宗親會、同鄉會和廟宇等長老們幫忙解決**，如果成員不服從，就會被驅逐，無法在此生活。對於中國人來說，比起當地實施的法律，人際網絡的權威和種族內的體面更為重要。香港亦是如此，一八四七年建立的「文武廟」就是其代表，它至今仍是當地人的精神支柱。

文武廟內供奉著掌管考運的文昌帝君，以及執掌升職和事業運的關聖帝君，造訪這裡的港人絡繹不絕。從表面上看，這不過是一間小廟，但在香港的中國人社會裡，廟宇打從一開始就是自治政府，目的是爭取利益、解決紛爭。

在中國，村裡的領導人原是由鄉紳擔任。全國各地的鄉紳發揮維持村莊秩序、填補行政空缺的作用，對歷屆政府來說，也沒什麼壞處。但中華人民共和國成立後，以打倒地主的名義處決兩、三百萬人，鄉紳階級便消失了。很多學者認為，中國改革開放後，到處出現做出無禮行為的「不文明」中國人（當然只是部分），其根源便是當時肅清鄉紳的遺毒。也就是說，鄉紳消失後，傳統秩序也隨之崩潰。以中文字來看，禮被解釋為理，禮節即道理。如今道理突然間不見，因而造成無禮逐漸蔓延。

香港（英國）政府將文武廟的權威視作一種統治手段，以香港（中國）人統治香港（中國）人的「以華制華」，也是減輕政府行政負擔的間接統理方式。

此外，香港還有幾個重要的中國人團體，其中之一就是南北行公所[11]（Nam Pak Hong Union）。一八六八年，南北行公所由從事轉口貿易的香港（中國）公司組成。該協會旨在相互扶持，後來成為當地最大的商業團體，還負責包括銀行和保險服務，以及地區社會治安和消防業務。

一八六九年創立、一八七二年正式開業的東華醫院（Tung Wah Hospital），也扮演非常重要的角色。東華醫院是「廣東華人醫院」的簡稱，從院名便明確指出其服務對象。殖民初期，東華醫院在惡劣的環境下，為香港（中國）人提供中式醫療服務。當時，香港（英國）政府的關注焦點並沒有包含本土香港（中國）人，而後者也不信任西方的醫療技術。東華醫院至今仍積極運作，除了醫療、公益、慈善事業外，還會解決民怨、進行仲裁。

老一輩親中，新一輩親港

在英國統治時期，香港不僅實行內部分化政策，還試圖與中國切割。他們發現，「去中國化」非常重要，意指認同感分離，而方法是經濟和現代化，關鍵是防止香港擁有與中國同樣的意識。

香港的老一輩親中，新一輩則親港，由此能略知當時的情況。再來，在分析地區（國家）認同時，經濟最為重要。港人可分為直接受惠於中國的階層和其他階層。

殖民初期，香港人總是在名與利之間徘徊，也許這是在殖民統治下生活的所有人，都必須肩負的宿命。**「要追隨民族性，還是實際利益？」港人生來便注定要回答這問題。**

理查・尼茲彼表示，香港人受英國統治一百多年，從小學習英語長大，雖貴為中國人，卻受到西方文化和語言的深遠影響，也就是說，香港同時具有東西方的文化特性。

「民族意識抬頭最早要回溯至中世紀」，而民族一詞的出現，是為了對抗帝國主義。縱觀歷史，名和利的恐怖平衡，終有一天會被打破。

一八六六年，開始流傳廣州的中國人將會攻擊和掠奪香港富豪的傳聞。香港社會的領導階層也在政府的許可下，成立能保護自身財產的組織，這表示富裕的港人在此時開始出現社會責任感。

筆者認為，可將此視為「中國人」和「香港人」認同感分離的起點。如果說「血濃於水」是名分，那麼要先吃飽才能製造血液就是實際利益。「究竟是民族優先，還是個人？」這是站在開始生成其他文化基因的十字路口時，會提出的問題。而香港中國富豪究竟是為名還是為利？

如果說，中國人的訴求是民族性，那麼生活在香港的中國人就是為了實際利益。因此，

11 編按：現稱南北行商會，是香港第一個華人商會組織。

中國人和香港（中國）人無法再停留在同為中國人的範疇裡。

一八八四年，當時法國與支持越南的中國發生衝突後，便攻擊臺灣和福州，而這也是香港（英國）政府建立以來遇到的最大難關。是要加入法國，還是與中國站在同一陣線？以及是否要允許或拒絕法國軍艦停泊和補給？

對香港（英國）政府而言，如果支持中國，就不能允許法國軍艦停靠，一旦加入法國的陣線，則反之；如果擁護中國，就能得到香港（中國）人的支持，殖民統治將更加容易，倘若倒戈法國，與香港（中國）人的關係將會變得難堪，選哪種都得付出龐大代價。

最終，香港（英國）政府選擇倒向法國，對拒絕為法國軍艦服務的中國勞工處以罰款、對報導清朝下令抵抗法國的報社編輯提告，還向抗議群眾開火……示威持續一個月左右。

此時清朝的立場也變得非常曖昧。表面上是在指責香港（英國）政府，以同一民族的名義煽動當地人，但實際上是在徹底利用香港。不僅透過香港銀行籌措戰爭經費，也藉此進口所需的武器和彈藥。

不只是清朝，此後無論是軍閥戰爭、國共內戰，還是中國政府皆是如此，這是在分析香港意識時不能忘記的部分。表面所呈現的並非全貌，而這也是另一個難以陳述歷史的原因。我們所知道的歷史其實是裹著糖衣的藥丸，剝去糖衣後，等待我們的是極苦的滋味。

再來談談在香港初期歷史中，勞動階級開始認知到自我認同感的時間點。一八九一年，木匠因工資問題、製作藤椅的勞工也因工時問題，發動罷工，有學者認為，其幕後主謀是反英的愛國主義者，也有人主張，他們是為了謀生而鬥爭。

不過，可以確定的是，身處在英國殖民地的勞工階級，紛紛意識到自己的認同感，他們逐漸覺得自己是香港（中國）人。由此可知，後來中國政府怎麼利用香港問題，以及如何利用當地的勞工。歷代中國政府都是利用民族意識強烈的三合會[12]等祕密組織，躲在背後操縱勞工運動。

山頂纜車，華人禁搭

在殖民初期，英國人公然歧視香港人，法院判刑時採取雙重標準，對白人判處相對較輕的刑罰，對港人則判重刑。宵禁，實際上也只有港人受到局限，也許這就是殖民地無法避免的命運。

在鴉片戰爭後的百年，香港太平山頂附近只有英國人能居住，這裡至今仍是當地最上流階層的寓所。英國人將太平山打造成專屬空間，並重現該國傳統村莊的特色，設置俱樂部、

12 編按：最早見於清嘉慶年間，是源自南中國的祕密社會，也是天地會的變名或分支，有時還會被用來泛指黑社會犯罪集團。

飯店、醫院和聖公會教堂[13]……。

深受遊客喜愛的山頂纜車（Peak Tram）於一八八八年運行，這是為了居住在山頂豪宅的英國人上下班而設置的交通工具。另外，香港的主要俱樂部不允許當地人加入。一八四六年創立的社交俱樂部「香港會所」（Hong Kong Club），不允許商人、香港人、印度人、女性等人出入。英國人和香港人不僅居所不同，連玩樂的地方也不一樣。

當時，香港男性的比例占絕對優勢。一八七二年實施的人口普查結果顯示，香港人和歐洲人的男女比例分別為七比一和五比一。另外，不論是香港女性還是外國女性，絕大多數都是職業女性。回顧早期的香港社會，可知最近韓國人說「去香港[14]」的詞源應追溯到此時。

社交俱樂部文化至今

▲ 山頂纜車是每個造訪香港太平山的遊客都會乘坐的運輸工具。

仍是香港文化的特色之一。當時，我時隔許久再次拜訪博士論文指導教授，他希望向我展示香港的俱樂部文化，苦惱許久後打電話給某個人，過了一段時間，對方終於才同意。那是一個知名作家和學者們定期聚餐的俱樂部，而此文化正以橫向型態形成香港的上流階層。

最終不可否認，俱樂部文化即香港文化，在確認「我們」的過程中，形成同類文化，隨即也出現了「他們」。以殖民地來說，香港內部非常脆弱，不同人種、階層被分化。在初期，人種直接象徵身分，但在社會上，資本主義式的成長不允許存在單純的身分認同。資本主義成長意味著巨大資本的集中，於是出現香港富豪，他們開始團結起來，保護自身利益。

一八九六年香港人設立「中華會館[15]」（Chinese Consolidated Benevolent Association），以及一八九七年由一群華籍商人成立的「華商會所」（The Chinese Club）等，根據香港（英國）政府的政策，這些組織擔當起社會領袖，這也是「以華制華」手段之一。隨著時間推移，作為統治者的英國人和富裕的香港（中國）人，雙方在實際利益的交會次數和範圍正在擴大。

就這樣，民族性逐漸減弱，透過經濟的文化基因，形成另一股認同感，也就是共享利益

13 編按：是普世聖公宗的一個教省，分為香港島、西九龍、東九龍三個教區和澳門傳道地區。除了特別標明的之外，都有提供粵語崇拜。
14 編按：香港過去對韓國人來說是一個繁花似錦的大都市，因此人們口中的「去香港」，也可解讀成「性高潮」之意。
15 編按：由華裔美國人團體聯合組成、人數眾多、歷史悠久的海外華人組織。

的「新既得利益者」。新的「我們」，即香港上流階層，就此誕生。自一九四五年八月日本戰敗後，時隔三年八個月後再次重返的香港（英國）政府，明顯緩解對香港人的歧視，他們將當地人提拔為政府部門負責人，也開放原先嚴禁港人居住的太平山頂和長洲島。

香港殖民歷史已過去一百年，再加上還曾經歷日治時期，作為統治者的英國政府和被統治者的香港人，都到了相互認可與接受的階段。當然，這種結合僅限上流階層，但整體更朝向「香港人」意識。

下一章將觀察香港引以為傲的體系，雖然這可能是殖民地屬性，但其主要特色之一就是「行政主導[16]」（Executive dominance）。健全的行政體系，造就出被稱為「東方明珠」的香港，毋庸置疑。

16 編按：原意即前任英國大法官許琛勳爵提及的選舉獨裁（Elective dictatorship），指政治架構中行政部門（政府）主導及控制法案流程和立法議程，以議會削弱立法權的情況。

第五章

沒有民主，只有自由

很多學者都說香港的空氣不一樣，這裡的空氣指的是自由。我一開始不懂，等到離開後才明白，生活在那裡有一種舒適感。我仔細分析其源頭，卻發現只有自由。

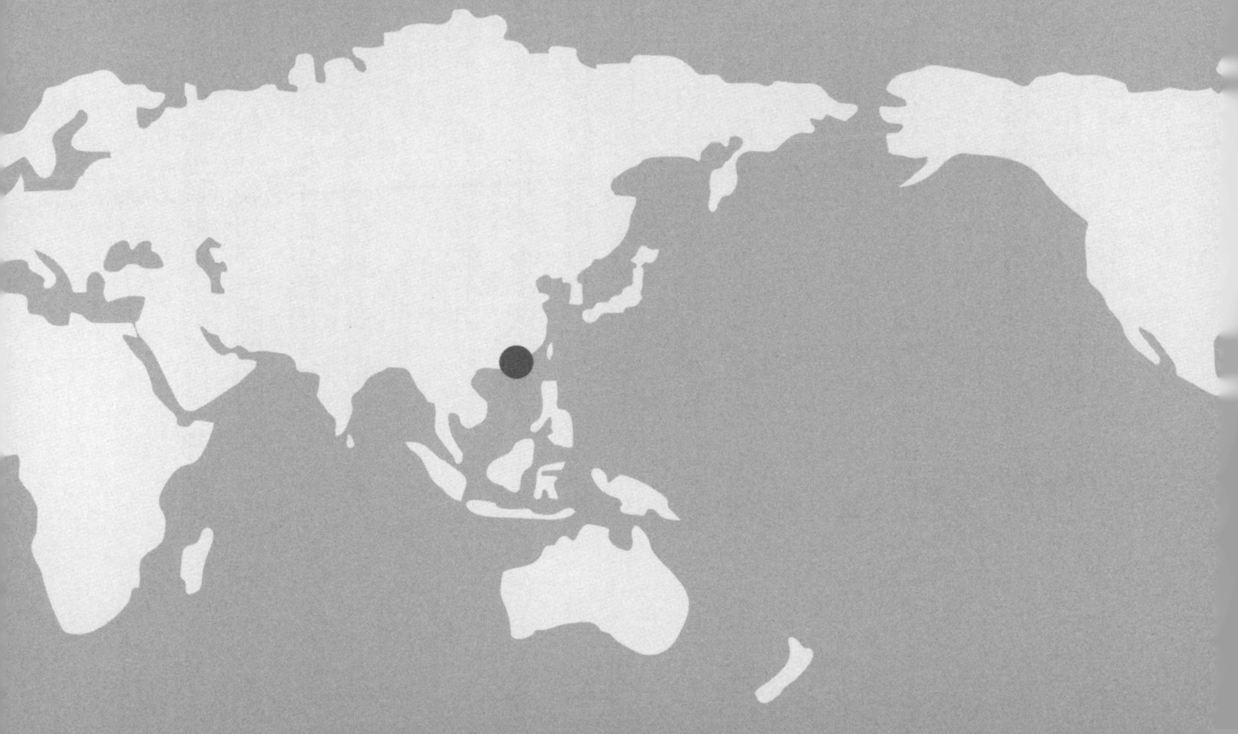

思想家金耀基（Ambrose King Yeo-Chi）以一句話概括英國殖民統治下的香港，那就是「行政吸納政治[17]」（administrative absorption of politics），每當談到香港制度的優點時，這句話就往往被當成格言。這表示，香港的行政制度非常完美，並不需要政治。換句話說，法律、公務員、稅收、教育等制度已經相當完善，不需要額外的政治行為。政治也只是讓人們過得更像人的手段罷了，它並不是目的。

對國家來說，是行政重要還是政治重要？如果行政完美無缺，難道就不用政治了嗎？沒有政治的行政，又會帶來什麼問題？我在這類問題上算是外行，在此先不多做討論。

南韓前總統朴正熙常說：「政治家懂什麼？」這是在指責政治家沒有責任心，也是在強調行政的重要性。他在這方面堅持行政至上主義，這點可以和香港以行政為中心的潮流相提並論。行政至上主義或效用至上主義的反面就是沒有政治，沒有政治的香港就代表無法練習政治，這點成了原罪，也成了社會（民主）發展的長久負擔。政治是交換行為，而在此前的示威中，香港本土派[18]（Localist camp）採取的方式不是「全拿」就是「全失」。

香港行政最高負責人是英國女王授權的代表——總督（現為特別行政區行政長官），當然也有其他制衡的機構，行政局和立法局會協助總督、制定法律，兩者都可以向其提出建議和質詢。

從殖民初期，英國富豪就有相當大的話語權，他們也很快求取到參政權。一八五〇年，怡和洋行的高階主管首次成為立法局議員，此後到一九〇〇年，七成的立法局議員都來自於商界。由此可見，商界早期就發揮強大的影響力，與此同時，自由，特別是經濟活動的自由，一定也會增加寬度。香港社會自此奠定了以既得利益者為中心的基礎，也是其認同感的主軸。

在這裡生活，沒民主，有自由

在講香港故事時，還有一句話很常提及：「沒有民主，只有自由。」香港式的自由相當知名，很多學者都說當地的空氣不一樣，這裡的空氣指的是自由。我一開始不懂這是什麼意思，等到離開後才明白，生活在那裡有一種舒適感。我仔細分析其源頭，卻發現只有自由。

香港（英國）政府實現人類對自由的根本欲望，而自由是發揮人類能力的基本條件，也就是說，為你鋪設好設施，讓你能盡情施展本事。企業的成長與其活動的自由程度息息相關，要給企業多大的自由，是所有政府都很苦惱的事，因為經濟數值的漲落，取決於企業的事業計畫或活動範疇的擴張。

17 編按：是指由行政系統承擔政治的功能，從而抑制並消解經濟菁英和社會大眾的政治意識和參與衝動。
18 編按：泛指以香港人的利益為出發點，強調香港的主體性和香港文化的政治派系，又分為自治派、城邦派、獨立派（主張武力抗爭）、純粹左派等。

有個數值叫「經濟自由度指數」（Index of Economic Freedom），代表該社會的自由和開放程度，直到二〇一〇年為止，香港的經濟自由度指數還位居世界首位。讓人能盡情發揮本領，是資本主義的基本框架，每個人的能力都能得到認可，並將其運用在現實中，再把成果平均分配給整個社會，這種良性循環就是資本主義的理想。

香港式的尖端資本主義打下如此根基，「只要不推翻或攻擊政府，你的想法和你想說的話統統會被允許！」**香港（英國）政府自始至終以「積極不干預」為傲，而這也是象徵香港式自由的口號**。在英國殖民時期，經濟官員們經常稱其為小政府，代表政府不會多加限制和干涉，全權交給人民負責。

居住在美國的香港學者周蕾（Rey Chow）曾說：「經濟是香港意識的一部分。」經濟學大致分為兩種主張，其一是政府應積極干預市場，其二則反之，希望盡可能減少干涉，交給市場機制決定。在一八四一年英國宣布香港成為零關稅自由貿易港時，就是受到英國古典經濟學派（Classical economics）的影響，盡量減少對經濟活動的干預。

從一開始，香港（英國）政府便期待人們能盡情發揮，首先當然要具備完善的制度，也要有近代化的精神當作後盾。很多學者認為，其基礎就是英國式的自由主義和理性。然而，在一九九七年香港主權移交後，情況發生了變化。大家再次認知到支配行政的是政治，行政吸納政治的時代已逝，政治支配行政的時期已至。香港回歸後，當地公務員只關注中國政府，而中國政府也強調，只有熱愛中國的「愛國者」才能成為香港領導人。

香港公務員現在得向中華人民共和國宣誓效忠。政治傾向早已成為人事標準，而非能力。從二〇二一年四月起，政府將拒絕宣誓的一百二十九名公務員免職，到了七月，區議會有一百多名議員辭職。根據二〇二三年七月的新聞報導，有超過三千八百位公務員辭職，這是香港回歸以來的最高峰，也開始有新聞批評行政空缺和紀律鬆散。越來越多企業撤離或準備離開，這意味著企業自由度正在縮減。畢竟最近在香港，比起行政或制度，更重要的是政治理念。

香港的成敗是香港（英國）政府所創造。香港人陳述時使用的是「港英政府」，換言之，香港政府實際上不屬於香港，而是依照英國政府的指示行動。如此看來，香港的成敗歸咎於英國。

殖民初期，政府對教育並沒有特別的興趣，頂多只是資助漢文學校和教會學校，且大部分資金是給後者。教會學校的最終目標在於傳道，而學生的目標是學習英語、找到待遇好的工作。或許這就是名與利、教會和學生，不得不相交的美麗妥協點。

原本的教育政策同時重視中文和英文，但自一八七八年起，轉變為以英文為中心，確立香港的英文教育體系。雖然仍設有以中文為主的私立學校，卻無法擺脫其次等形象。考量到香港是英國的殖民地，因此英文比當地語言「粵語」重要得多。大部分香港（中國）人除了會粵語，還會英語，外語能力提供了不同保障。當然，個人能力也與社會競爭力直接相關。

有個語言實驗是以英文和中文為題，其結果顯示，中國人或臺灣人擁有東方式思考，將世界看作「關係」，香港人或新加坡人則傾向視為可歸納的「事物」。雖然影響有限，卻得到「語言會影響思考」的結論。由此可見，即便香港人是東方人，卻具備西方世界觀的頭腦結構，也就是認同感不同。

一九〇八年，香港總督盧吉（Lugard）提及大學的必要，在（居港）印度富商麼地（H.N. Mody）、香港富商和中國兩廣總督張人駿的捐贈下，建立香港大學（The University of Hong Kong）。大學籌備委員會將英語定為主要教學語言，只有中文文學採用中文授課，這原則一直堅持至今。

一九一一年清朝改為共和制的中華民國後，大量中國人流入香港，學齡人口的教育成了懸而未決的問題。當時各種學校林立，再加上教師們向學生灌輸革命思想，使得香港（英國）政府的苦惱日益加深。當時印度的教育負責人麥考利（Thomas Babington Macaulay）曾坦言，教育目標是培養連結英國人和被統治的印度人的翻譯階級。換句話說，是培育膚色不同，但素養和智慧相似於英國人的群體。由此可知，至少香港人不是被培育成中國人。

一九一二年落成啟用的香港大學，特別以《四書五經》和中國的傳統經典作為中文系的選修課，這種經營大學的方針，考量到香港與清朝政府的關係，但並不允許老師在課堂上讚揚革命。起初只收男學生，到了一九一九年，受「五四運動」影響，從一九二一年起才開始招收女學生。

香港大學中文系以外的所有科系都採英文授課，清楚體現英國欲建立香港意識的意志。

就算充分接受中文或中國文化，但其他領域都將施行英式教育。

一九一三年，香港（英國）政府首次發表《一九一三年教育條例》，行使對所有學校的監督權。當時香港亦受五四運動的影響，民族情緒高漲，政府擔心民族主義擴散，因此開始關注漢文學校的師資培育，也就是師範教育。原本當地人的國家認同正逐漸形成，即香港（中國）人轉變為真正的香港人，不過這又再次使其陷入混亂。

理查・尼茲彼表示，並非只有香港（中國）人同時擁有東西方文化。亞裔美國人也是如此，只要激發他們心中的「東方自我」，就會採取東方式的行動，如果更強烈激起「西方自我」，他們就會採取西方式行動。美國國會大廈、坐在馬匹上的牛仔、米老鼠等，會讓人聯想到美國文化，而龍、佛教寺廟、寫毛筆字的人等，則會讓人聯想到中國文化。

該重視古典文學還是現代文學？直到現在，這依然是人文學相關學科的苦惱。褒揚保守的國民黨重視古典文學，代表進步的共產黨重視現代文學。可想而知，清朝和國民黨奉孔子為圭臬，將儒家經典當作金科玉律，而反對清朝的革命派和共產黨，則認為孔子是吃人的傳統頭目，並進行攻擊。

很少有領域像教育這樣，每個人都擁有不同的想法。究竟是要培養符合現有秩序的人，還是能創造新秩序的人？韓國歷史學家林志弦認為，南北韓都在學校教育中強調「忠」、「孝」是最重要的品德，兩者代表對體制和秩序的忠誠，也就是說，南北韓的教育都是培育符合現有秩序的人。不僅如此，整個東亞都將儒家作為統治理念。

強調傳統和秩序的儒家思想，既是清朝的教育思想，也是香港（英國）政府的方針，因此他們一直密切關注革命派推翻清朝後的活動。革命會引起骨牌效應，要是清朝發生革命，香港自然無法擺脫其影響。這些帝國主義國家擔心的，始終是清朝能否恰到好處的維持下去，萬一垮臺，將可能一舉摧毀殖民地體制，這就是為何清朝不能太強盛也不能太脆弱的原因。列強奪取利益後，也盡量留住清朝的面子，滿足他們的現實要求。

一九二五年，香港（英國）政府為了平息省港大罷工（下一章詳述）的反英情緒，提倡中國傳統道德倫理的中文教育。一九二六年首次設立漢文公立學校，隔年香港大學開設中文系。當時，為了穩定殖民體制，香港（英國）政府致力宣揚以忠和孝為首的儒家精神，不允許任何人妨礙，既不歡迎策劃顛覆清朝的革命家孫文，也不讚許大文豪魯迅的演講。

當年，魯迅在香港警察的監視下，在文武廟後方的基督教青年會（ＹＭＣＡ）舉行兩次專題演講。[19]他說：「青年們先可以將中國變成一個有聲的中國。大膽的說話，勇敢的進行，忘掉了一切利害，推開了古人，將自己的真心的話發表出來。」在第二次演說中，他表示：「以孔孟之道為核心的封建文化已經壽終正寢。」他進一步提到，英國侵略者鼓吹封建文化，是為了利用我們的腐敗文化，統治我們這腐敗的民族。

魯迅的發言，正面駁斥當時中國國民黨政府和香港（英國）政府的統治與教育理念，他自始至終都關注人類普遍的意識，並試圖對抗被馴服的國家認同。

看新聞前，得先看國家宣傳影片

我的研究主題是國家認同，本書也旨在講述中國和香港的意識衝突，進而思考預防或解決紛爭的方法。我總是在想，如何重新連結學界既有的認同感研究結果與大腦科學。

我們經常說「真的無法理解那個人！」、「那人怎麼能做那種事？」，意即先天的頭腦（基因）和成長（教育）環境不同所致。然而大腦（基因）會受到環境支配，因此在考量到下一代時，環境非常重要。為此，保守派認為要進行保守的教育，進步派則認為要進行進步的教育，才能成為「人」。

一九五四年香港實施國民小學義務教育，從鴉片戰爭起算，花了一百多年。這是英國式教育開始在此扎根的起點。我見過香港公務員，他們非常優秀，談到香港達成跳躍式進步，就不得不提到這群人，是英國式的教育制度造就出這樣的公務員。現今香港人對其教育制度依然非常自豪，且香港主要大學仍然位居亞洲前茅。

香港人至今仍迷戀英國統治的原因之一就是教育自由。受文化大革命影響，《一九七一年教育法》規定，在上課或進行相關活動時，不得出現政治歌曲、舞蹈、口號等，該法進一

19 編按：該年二月十八日和十九日，魯迅應邀連續兩日在上環中華基督教青年會演講，第一場演講題目是「無聲的中國」，翌日下午第二場為「老調子已經唱完」。

▲ 香港故宮文化博物館，是確認並提升香港人的中國認同感的設施。

步推動香港當局不得施行政治教育的意志。當時的教育不受政治影響，學術自由，既不需要看任何人的臉色，也因此帶動社會發展。香港人就是在這種環境下成長。

回想一九八〇年代韓國還在接受國家與民族教育，應該就能理解其中區別。直到一九八九年為止，我都沒有在電影院純粹觀賞電影的「自由」，在看之前必須起立觀看國歌影片。來到香港後，我最開心的是，不需要於國歌響起時，在電影院裡起立或在走路時停下腳步。

但自香港回歸中國後，國家和民族開始時刻挑釁港人的意識。之後政府以「國民教育中心[20]」（National Education Centre）推行多種活動，從那時起，香港人在電視新聞播放前，必須觀看名為《心繫家國[21]》的國家宣傳影片。二〇一五年中國政府設立《全民國家安全教育日》，每年四月十五日，香港的教育局和保安局也會舉辦演講和展覽等。二〇二一年開始，從小學起就要接受國家安全教育，孩子接觸到完全不同的（教育）環境，同時也在重塑大腦（基因）。

20 編按：成立於二〇〇四年，是香港特別行政區與民間攜手推動的國民教育機構，由香港教育工作者聯會籌辦，為中小學提供國民教育支援服務。

21 編按：是一支四十五秒的政府廣告，自二〇〇四年十月一日，香港各大電視臺必須在每天傍晚新聞前播映。

第六章

最強大的保護力量，同鄉會

在香港，只要表明隸屬哪個同鄉會，自己和事業就會受到保護，這是將地緣這一實際利益延伸到其他地區的結果。

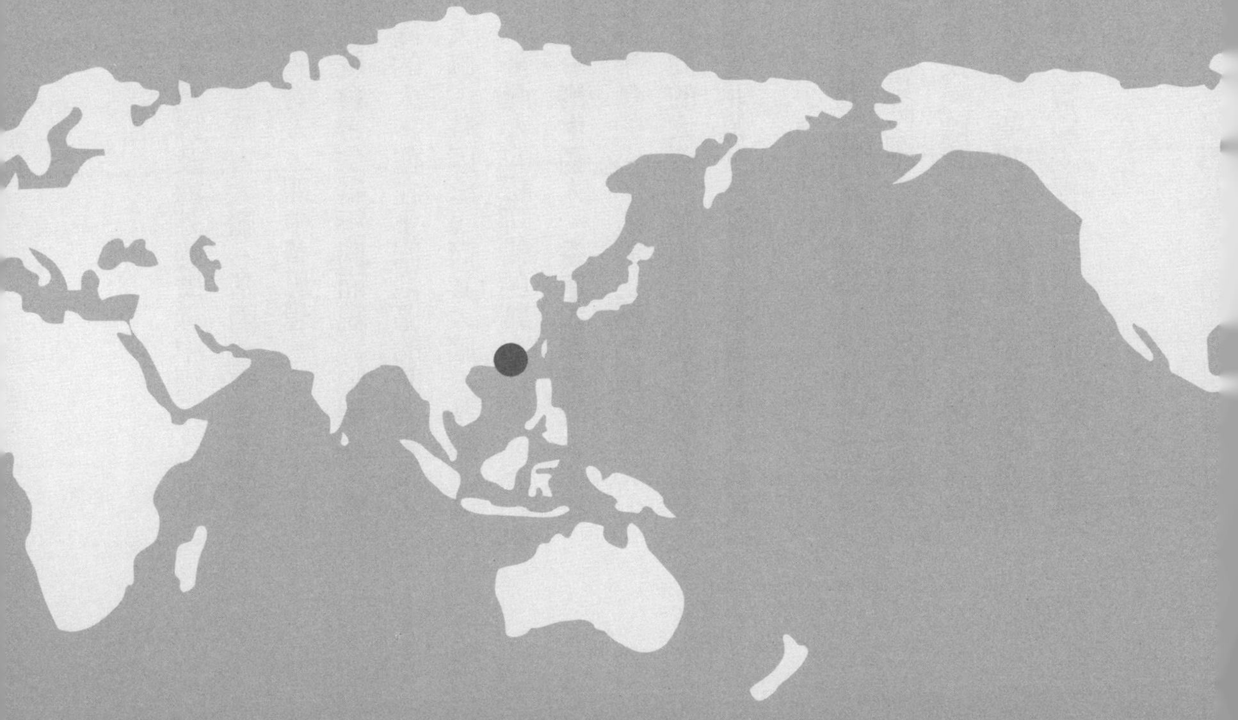

前面提到「華人」一詞，指的是居住在中國、香港、臺灣以及海外的廣義中國人。當中國人說「我只是個華人」時，意思是不要用國籍來定義我。在華人大腦（基因）中有集體意識（collective consciousness），我是位於世界中心（中國）的人，即中華思想。

然而，一旦主權身分與地區的實際利益發生衝突時，就會重生為不同面貌。中國人、香港人、臺灣人都有中華思想，但又根據居住地劃分成不同的人。住在不同地區的時間越長，便會接觸越多該區的不同歷史，其歷史會造就出不同的大腦（基因），而其大腦（基因）又會創造出那裡特有的歷史。也就是說，中國人、香港人、臺灣人的認同感互異。

我和朋友一起旅行時，會在機場候機室裡玩遊戲——分辨中國人、香港人和臺灣人。我們常以服裝、行為和語氣，來猜測他們的國籍。生活在韓半島的人，廣義上稱為韓國人，但從地區來看，又分為南韓人和北韓人，此刻也依然有著不同的大腦（基因）。我在香港讀書時，經常被香港朋友問的問題之一是：「你是來自南韓還是北韓？」當時我都會勃然大怒斥責道：「難道你看不出來嗎？」

在美國學習英文會話時，老師經常說，美國人跟英國人是不同的。觀察去英國的旅行團就能發現明顯差異，首先，美國人可能給人一種比英國人更吵鬧、更無禮的印象（希望大家不要誤會我）。再次說回美國，聽說當南韓人要辦理移民美國或申請公民權時，面試官會問：「美國和南韓比足球賽時，你支持哪一方？」毫無疑問，要回答美國隊，才能以最快的速度結束面談。不僅如此，我們也會開玩笑般向住在海外的韓國人提出以下疑問，如果南韓隊和現居地的國家隊比賽，你會為哪一邊加油？

還有一個故事。曾有一位南韓人在美國情報單位工作，他負責探查韓半島相關情報，卻出於所謂的愛國心，將自己手上的機密洩露給韓國大使館。在法庭上，他辯稱自己是出於愛國心切，卻仍無法避免刑責。

最佳認同感代表——宗親會、同鄉會

中國幅員廣闊，有學者對該國能維持單一國家統治給予高度評價。從統治者的立場而言，幅員廣闊意味著難以治理，對百姓也沒有什麼好處，因為很難獲得行政方面的保護。如果要花上一整天才能抵達里辦公室或派出所，那問題便非同小可。在交通條件極其惡劣時，時間甚至攸關人命。法律很遙遠，但拳頭很近。在沒有力量、沒有金錢的處境下，人群不得不團結起來，這正是中國社會特有的「幫會」背景。以血緣團結起來的組織是宗親會，以地緣團結起來的組織則是同鄉會。

社區和家鄉等，是最普遍的地域性認同感。我們無法脫離地區，獨自生存。縱觀人類歷史，都是以地區為中心生存，在世界任何地方，地區都是政治、經濟之首。如此看來，地區認同感屬於實際利益範疇。問題是，寄生於地區主義（Regionalism）的排他性，不只充斥著不合理，還有「我們是同類人」的幼稚。這是認同感的消極之處，而物以類聚文化的危險性就在於此。

在陌生又不熟悉的地方（外國），首先最值得信賴的是家人，然後是決定同生共死的組織，再來才是說著相同方言（語言）的同鄉人，大家因同樣的姓氏、組織、故鄉團結在一起。在遙遠的異國他鄉，中國人對抗不友善的外來者，互助依靠、生根定居。雖然上述三種看似都是身分認同，但實際上卻極具現實利益。正確認知與否，與生死存亡有直接相關。

最終，在東南亞的中國人掌握經濟權，並以那股力量發揮政治影響力。生活在美洲的中國人，也透過宗親會或同鄉會來維護自身利益。這是大家心知肚明的祕密，中國人的團結程度，就連義大利黑手黨都不敢隨意招惹。

在香港，中國人同鄉會的力量也很強大，有些甚至被認為是三合會。只要表明隸屬哪個同鄉會，自己和事業就會受到保護，這是將「地緣」這一實際利益延伸到其他地區的結果。還有人說，香港出現大富豪只是時間問題，他們各個都受到組織和同鄉會的支援。

使用母語的媒體，強化民族認同

若要在海外維持和擴散「集體記憶」（Collective memory），最重要的是使用母語的媒體。香港的第一本中文刊物是一八五三年創刊的《遐邇貫珍[22]》（*Chinese Serial*）。報刊名是指「遠近的寶串」，此刊物為香港人的啟蒙做出巨大貢獻。接下來，《孖刺西報[23]》

（*Daily Press*）、《華字日報[24]》（*Chinese Mail*）、《循環日報[25]》（*Universal Circulating Herald*）等，陸續在一八五七年、一八七二年及一八七四年創刊，刊登許多要求清朝改革的評論。

這些刊物時常批判香港人受到的歧視，充分發揮監督統治者的作用，帶頭提高人民的民族意識。目的是維護民族自主、守護中國文化、保護港人利益，同時追求國家認同感和實際利益。在媒體、經濟實力、所受歧視、國內革命等影響之下，民族主義正在香港社會中逐漸成長。

一九一一年十月十日，追求共和政體的「辛亥革命」爆發，消息也傳回香港。當時總督留下的紀錄中提到，整個城市瞬間沸騰起來，香港人欣喜若狂。抗議隊伍還聚集到銀行和支持清朝的報社前，並要求降下大清國旗——黃龍旗。

香港人的國家認同，在進步的潮流中也沒有缺席。不，應該說身為「中國人」的民族意識更強，以東華醫院為首的香港（中國）人出面救濟難民、學生和商人，並為革命軍募款、

22 編按：香港第一份以中文為主的報紙，由英華書院以竹紙單面鉛印，十六開線裝書形式發行。

23 編按：香港早期的商業性英文報紙，由美國人賴登（George M. Ryden）創辦，主要報導內容有：航務、言論、中外新聞、物價行情等。

24 編按：香港開埠初期的中文報章，為香港第二份中文報紙，提供清朝消息以及粵、港兩地與海外的近聞。

25 編按：香港第一份華人資本、華人主理的報紙。

理髮師免費替人剪去辮子、妓女們將一半收入捐贈給革命事業……此舉表現出新的認同感。變革後往往會要求更大的改變，以漢人為首的辛亥革命鼓舞了香港（中國）人，他們的民族認同感不只要驅逐滿族，還要驅趕英國人。群眾洗劫商店、朝警察扔石頭，甚至出現製造炸彈的工廠。不僅如此，人民還攻擊監獄，企圖暗殺香港總督。

懷抱民族意識的革命派，其過激行為也造成反效果。他們推崇的共和制遭到反對，更多人想引入跟英國一樣的君主立憲制。在這種氛圍下，一九一三年六月，當孫文拜訪香港時，人們冷漠以對，香港（英國）政府和當地的中國菁英們宣布建立中華帝國[26]，支持袁世凱登上皇位。香港也和中國國內一樣，展現出政治認同複雜的一面。

辛亥革命成功後，香港（英國）政府開始高度關注革命派行動。為了應對日益高漲的革命氛圍，在一九一三年制定了能監督所有學校的《一九一三年教育條例》，一九一四年則制定控制媒體秩序的《煽動刊物條例》。

省港大罷工，持續超過一年

一九一四年第一次世界大戰爆發後，香港物價飆漲，勞工生活變得更加艱困。受中國勞工運動的影響及左派的積極活動，各行各業陸續成立工會。一九二〇年三月，香港華人機器總工會在要求提高工資的罷工中獲勝後，短短幾個月內便出現八十個工會。香港（英國）政府也為此增加駐軍，並提升蒐集情報的能力，同時為了人民的福祉，改善燃料供應等問題，努力解決生活不便。

不過，此時在中國上海卻發生重大事件。一九二五年，上海一家日系工廠發生糾紛，勞工慘遭殺害。五月三十日，當地發生大規模抗議，抗爭者與英國警方爆發衝突，造成數十人死傷，這是動搖中國現代史的「五卅慘案」。六月十九日，香港也進行大罷工。以下是罷工領導者們的五項要求，透過這些可以知道當時香港社會發生了什麼事：

- 訂定八小時工時，廢除童工制。
- 保障言論、出版與結社自由。
- 工會對香港立法局議員有投票權。
- 香港人跟歐洲人有同等待遇。
- 香港人具有居住在太平山頂的權利。

工會要求改善勞動條件、禁止種族歧視，追求政治平等、經濟平等。由此可見，當時香港社會中最大的矛盾是階級和種族。此問題成為懸而未解的難題，因為無論是當時，還是

26 編按：又稱洪憲帝制。

一九九七年主權回歸時，這兩點都是香港的弱點。

一九二五年六月二十一日，香港宣布戒嚴。政府動員義勇軍，禁止糧食、資金等外流，也不准居民離開。為了帶起反罷工輿論，政府以香港富豪和議員為首，創設《工商日報》[27]（*The Kung Sheung Daily News*）。此外，主導罷工者為了讓勞工能持續抗爭，創立「勞工糾察隊」予以監視，甚至僱用黑幫和海盜，成立名為「工業維持會」的祕密組織。

香港的船員、電車勞工、印刷勞工等大量人群進入廣州，六月二十三日，與中國勞工進行聯合示威。緊接著，英國和法國海軍陸戰隊開火，造成五十多人死亡。香港（英國）政府和罷工領導階層展開激烈的宣傳戰，後者廣發傳單，還貼出大字報，稱為了趕走英國人和他們的「走狗」而戰，這裡的走狗是指為英國主人奔走的中國人。

香港立法局兩位議員曾收到恐嚇信，還有人懸賞他們的項上人頭。這些為香港社會工作的香港（中國）人，如今已成了民族和階級的敵人。此刻民族認同又被階級分化，主導罷工人士不僅抵制英國產品，還散布謠言說香港當局在自來水裡下毒，並鼓動勞工離開此地，更提供交通工具（火車和船舶），導致兩個月內就有二十五萬人出走香港、前往中國廣州。

大罷工持續超過一年，貿易量減少一半，香港經濟受到嚴重打擊。一九二六年七月，中國廣州國民政府開始北伐，大罷工才逐漸結束。省港大罷工在香港歷史上作為重要的分界點，也成為人們共同的集體記憶。在此我想請讀者們記住以下三種類型的人，同時我想問各位，平時都是站在哪一方？

• 贊成派：支持罷工的勞工、學生，以及中國廣州國民政府。
• 反對派：反對罷工的商人和右派勞工，支持香港（英國）政府。
• 中立派：優先考慮生計的商人和勞工。香港勞工到中國廣州參加罷工後，因生計困難想回去時，卻被勞工糾察隊阻止。

人們看待事件的視角或立場，大致也與上述三點相同。我在前面提過，有些人重視國家認同，有些人則更看重現實利益。一場事故發生後，有人整天流淚、有人怒不可遏、有人只想忘記，有人則分析事故原因……這都是大腦結構不同所致。

還有一種可能，有些人會在受家人或同鄉的人所託時，立即出面，反之，也有人會仔細衡量自己能得到的利益，而這些都決定了那個人的立場，彙集在一起就變成認同感。如果擁有類似感受的人增多，便會成為該地區（國家）的意識。

有些人一聽到「同一個民族」就會流淚，有些人則反問：「填飽肚子才重要，民族有什麼用？」；有人會對「那時、那裡」的中國依依不捨，有人則思考「現在、這裡」，更看重香港。另外，有些人認為，上述兩者皆很重要，在猶豫不決的狀態下左右為難。

27 編按：香港早期的三大中文報紙之一，已於一九八四年停刊。

如果生活在今天的我們，都回到一九二五年省港大罷工時期，我們會支持、反對，還是保持中立？更進一步的說，如果由讀者來敘述大罷工的歷史，又會站在什麼樣的立場上？

我想關注反罷工的長期趨勢。香港與殖民主體香港（英國）政府融為一體的地區主義正在形成，香港人的國家認同脫離既有的中華民族主義後，正在逐漸擴大，而大罷工則確認香港作為地區共同體的存在。

香港（中國）人和英國混血兒等人，曾掀起加入香港義勇軍（Hong Kong Volunteers）的熱潮，他們在郵局、消防隊、醫院擔任志工或電車司機等，填補罷工勞工的空缺，且積極維護社會秩序。東華醫院廉價出售糧食，香港（中國）商人還特地從越南、新加坡、馬來西亞等地前來購買。

事件結束後，從香港（英國）政府推動的措施中，可以看出他們的立場。他們首先將罷工視為中國共產黨煽動的共產主義運動，採取相關應對措施，逮捕逃到香港的共產黨領導人，並移交給國民黨，只要引進有關共產主義或反帝國主義的書籍，就會沒收且處以罰款。同時，政府想更加堅守「以華制華」原則。他們認為，這是將香港（中國）人從中華民族意識中分離出來的方法。為了得到香港（中國）菁英的支持，政府設立公立的漢文中學等，重視漢文教育和中國傳統教育，並首次任命香港（中國）人為行政局議員。

「集體記憶」對一些人來說是光榮，也是傷痕。大罷工對某些人而言，是惡劣的勞動環境得到改善的喜悅，是事業失敗的悲傷，也是對集體暴力的憤怒。這些記憶被刻印在各自的大腦（基因），之後根據在香港發生的事件性質（依當下不同狀況）做出（或大或小的）反應，這些聚集起來就變成香港和港人的認同感，而另一個獨特的地區意識也正在形成。

▲ 開往澳門的渡輪，遠處是西九龍文化區。

第七章

日本竟也統治過香港？

有了日本殖民經驗，使香港人更傾向實際利益。當然，從後殖民主義的立場來看，一九九七年香港移交後，中國也只不過是另一個他者罷了。

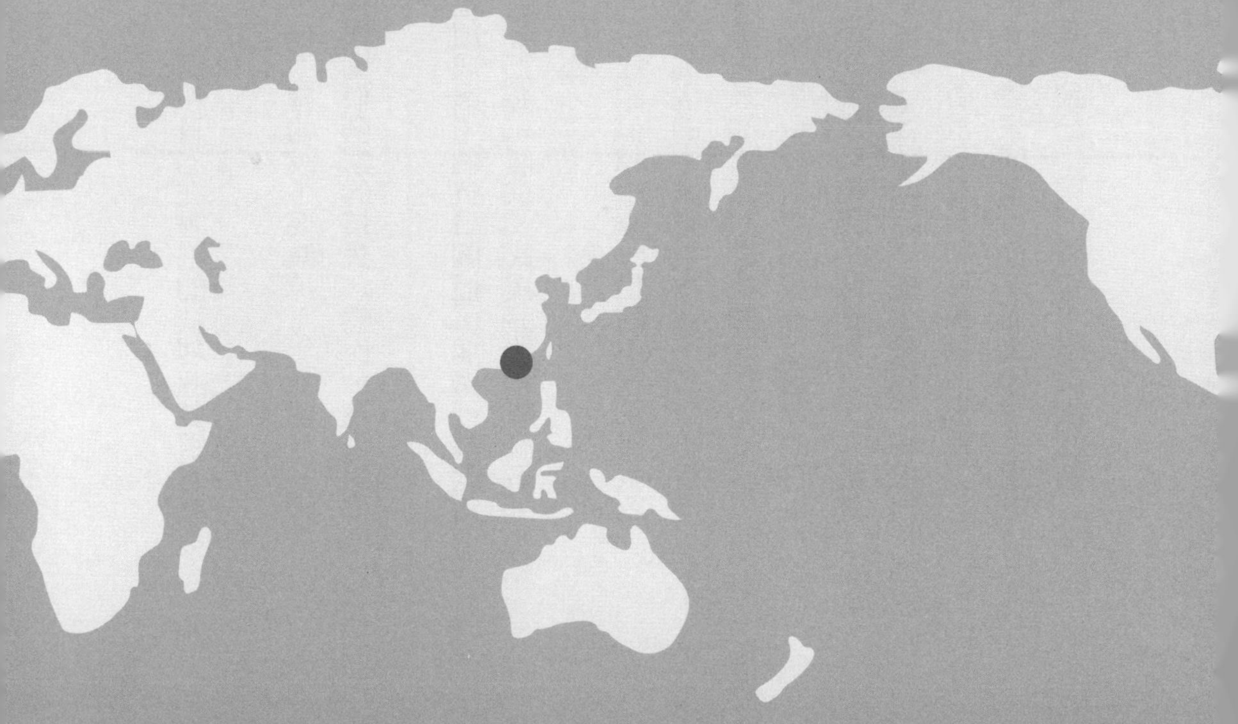

我原本不想寫日本統治篇，但又覺得，介紹並比較英國和日本在香港的統理應該很有意義，所以寫下這一章。

香港在過去一百五十五年間一直是英國的殖民地，但準確的說，要減掉三年八個月，因為那段期間是受到日本統治。換言之，香港在此期間經歷兩個國家的殖民。然而，港人對這兩段過往的歷史記憶卻截然不同。

一九三七年七月，中國與日本爆發中日戰爭，香港組成幾十個抗日團體，並舉行募款活動，蔬果攤也進行義賣，甚至還有「回鄉服務團」。隨著上海、南京、武漢等地陸續淪陷，中國報社來到香港復刊，該地儼然成為中國南方的抗日中心。

英國治理下的香港也要表態，因此於一九三八年九月宣布保持中立，拒絕中國國民黨政府提出的援助要求（派遣士兵、提供武器等），否決立法局內的中國議員提議，也禁止香港紅十字會派遣志工，但考慮到香港（中國）人的民族情緒，於是允許民間支援。

然而，日軍在一九四一年十二月七日偷襲珍珠港，隔天，位於廣東省和香港邊界的日軍開始進攻香港，日本空軍轟炸啟德機場[28]，並在砲兵和航空部隊的掩護下闖進新界。香港總督二十五日前往日軍司令部進駐的半島酒店（The Peninsula Hong Kong）宣告投降，日本自此開啟長達三年八個月的統治。當時，九千名英軍、三千名香港公務員和英美僑民被俘。

在一九四三年的開羅會議中，中國國民黨領導人蔣介石要求歸還香港。而英國為了樹立「戰後協助建立新世界秩序」的形象，內部出現打算將香港還給中國的聲音。但美國認為，帝國主義的存在符合自身利益，因此英國政府也決定繼續守護香港。對於香港一事，首相邱吉爾（Winston Churchill）表示：「中國要收回香港，除非跨過我的屍體。」

一九四五年，中、英兩國因是否接受日軍投降發生衝突。最終在八月二十四日，中國放棄恢復香港主權，彼時國民黨和共產黨正為了爭奪中國，展開最後一場戰爭，並沒有餘力管香港。中國雖然剛結束與日本的戰爭，但國共內戰也旋即揭開序幕，在此影響之下，很多勞工和資金流入香港。

一九四八年末，中國共產黨的勝利已成定局，便開始在香港積極活動，港府也進入緊張狀態。為了避免共產黨煽動罷工、癱瘓經濟、引發混亂，然後以此為由收復香港，政府下令關閉共產黨經營的學校等。一九四九年初，大量中國人口流入香港，為了控制其流向，香港（英國）政府建立國界。兩方的邊界就此誕生，也就是說，設立肉眼可見的國家認同界限。此時，香港的英語中學已占所有學校的一半以上。

波蘭記者瑞薩德・卡普欽斯基（Ryszard Kapuscinski）在穿過中俄邊界時，曾留下下列名言：

「邊界是種壓力，甚至是種恐懼，較為罕見的深遠意味則是解放，邊界的概念可能還包

28 編按：正式名稱為香港國際機場、香港啟德國際機場，是一座已停用的民用機場。

括另一種終結；門在我們身後永遠的關上：那就是生死間隔。」[29]

看日後的中國歷史便能知道，當時成功逃往香港的人是幸運中的幸運。香港（英國）政府為了阻止大批難民湧入採取特別措施，限制非香港市民出入境中國和在當地活動，並從一九四九年八月起，發放港民身分證。

日占時期，香港人口腰斬

香港歷史博物館在常設展覽《香港故事》描述說，日占時期，香港市民在恐懼中過著悲慘生活，當然實際上確實也非常惡劣。米、糖、油、鹽等生活必需品都是按照配給發放，許多民眾因糧食問題被迫移居中國。在三年八個月的時間，香港人口從一百五十萬人減少到六十萬人，光看這點就可以感受到當時的情況有多嚴重。由於日本濫發貨幣「軍票[30]」，使得香港經濟因通貨膨脹而癱瘓。

留學初期，我曾感受過這種氛圍，並經常嘲諷香港朋友怎麼會那麼喜歡英國。當我詢問朋友的看法時，他們就會回擊：「我看韓國新聞說，大學生都只顧著示威，你們到底什麼時候讀書？還向執行公權力的警察扔火焰瓶？那在香港會直接被抓去槍斃！」

一九四五年八月十五日，日本投降。香港歷史博物館和香港海防博物館將這大喜之日稱為「重光」，與韓國使用的「光復」意思相同。當我看到這兩個字時，搖了搖頭：「重新找回光明？拜託！這些人瘋了嗎？又不是回歸中國，而是重新回到英國的統治懷抱，竟然用『重光』來形容？」

香港海防博物館分別介紹英國「統治」和日本「占領」，各位覺得這真的是恰當的表達方式嗎？中國主張，因鴉片戰爭簽訂的《南京條約》是不平等條約，所以英國治理本身就是無效。換句話說，中國政府不承認《南京條約》，也不承認英國統理。就像用占領一詞來形容日本統治一樣，必須強調英國也是占領，才能確保《南京條約》的不正當性。

我想說的是，香港人有兩個殖民經驗，等於是有了比較對象。如果意識型態和實際利益對歷史陳述和國家認同的形成產生巨大影響，那麼繼英國之後，香港又多了一個可參照的「他者」。

有了日本殖民經驗，使港人更傾向利益。當然，從後殖民主義（Postcolonialism）的立場而論，一九九七年香港移交後，統治香港的中國也只不過是另一個他者罷了。從認同感歷史的角度來看香港便會發現，比起國家認同，當地人一定更注重利益。這就表示，香港人非常有彈性，用大腦科學的用語來說，即可塑性（plasticity）很大。

---

29 作者按：《憂鬱的邊界》，阿潑（黃奕瀠）著，八旗文化，二〇一七年，第二三六頁。
30 編按：指戰爭或戒嚴中，軍隊臨時發行的有價證券或貨幣。

中國人和狗不能入園

上海有許多由各列強建立的租界，其中設有公園，入口處除了幾點注意事項外，還寫著「這裡是外國人社區」和「狗不能入園」，但不知從何時起，這種說法被惡意扭曲，出現「中國人和狗不能入園」的言論。在提到帝國主義和殖民主義時，這句話被當成警語。同樣是為了強化主權意識而扭曲事實，將外國人視為他者、煽動敵意，也許是擴大自身認同感（力量）的一場遊戲。

「該如何看待日本軍國主義？」這問題是整個東亞（甚至是東南亞）的共同苦惱。特別是，與日本有過幾次交戰的中國，無法忽視的歷史敘述。現在的中國統治者——中國共產黨——是透過對日戰爭才培養起勢力，因此越是拉攏帝國主義日本，就越能突顯自己的存在和正當性。

日本這個他者，與中國共產黨的歷史，乃至現在的中華人民共和國的關係密不可分。可想而知，連帶著在香港歷史博物館和教科書中，日本也經常被拿來大做文章。宣揚中國的民族主義和國家主義的電影被稱為「主旋律」，中國政府投入鉅資支援的主旋律電影和電視劇，大都以抗日為主題，因為能以此盡情展示中國共產黨的存在，且容易得到人民支持。

法國哲學家沙特（Jean-Paul Sartre）之所以備受尊崇，是由於他發現能夠「讓我成為存在的」正是他者。意思是要製造「敵人」，才能看見「我」，我之所以是我，是因為否定別人。看我批判的對象就能知道「我」是誰，看我們批判的對象就能知道「我們」是誰，他者是映照我們的鏡子。在香港，英國統治時期歧視中國人，日本統治時期歧視英國人。

如果說民主主義之樹是吸取人民的血液成長，那麼民族主義則是吸取敵人（他者）的血液成長。在香港，相較於英國，日本被施以更強而有力的他者化。

香港英軍投降兩週後，一九四二年一月十日，日軍司令官邀請一百三十名香港的中國領導階層吃飯。司令官表示，香港人不是日本的敵人，應該齊心協力為「大東亞共榮圈」——亞洲所有民族的繁榮而努力，藉以利用當地人的認同感。而日本也和英國一樣，從殖民角度出發，努力分化中國人和香港人的意識，政治果然是國家認同的一環。

日本不只是嘴上說說，還用行動證明。日軍命令英軍俘虜不僅要向香港人行禮，還要向人力車夫和清潔工行禮，這意味著日軍在統治香港時，認知到民族和階級問題。當時的官方刊物連日高呼香港已成為「東亞人的香港」，並且要徹底清除英國殖民餘黨。日本以東亞為口號，將其他殖民主體「英國」視為他者。

日占時期基本上也是「以華制華」，全面推舉由香港菁英組成的「華民代表會[31]」和

31 編按：由香港的華人和歐亞裔社會領袖所組成，該議會的作用並非監察日占政府的施政，而是配合政府落實日本對香港的全面管治。

「華民各界協議會[32]」。在中央行政機關擔任要職的香港人，比英國統治時期還多。當時日本的做法與英國人截然不同，他們花更多的時間向香港人解釋和說明。

然而，香港人該如何在日本治理下生活？有些人在媒體上稱讚日本的大東亞共榮圈概念，積極表達對英國的不滿；有些人認為這是賺錢的絕佳機會，努力學習日文、與日本人建立交情；有些人覺得這些人背叛了我們，除非自己死掉，否則不會原諒；還有些人則說坐視不管是一種罪孽，所以為了報中華民族的仇，便加入游擊隊迎戰。

再深入觀察就會發現，香港（中國）人當中，特別是那些有日本留學經驗的領導階層，雖然積極協助，但大都是在迫不得已的情況下合作。

聽說，香港（中國）人對上述兩個香港（中國）團體沒有什麼不滿，因此這也可以理解成是所有人都不得不配合。後來，在團體中活動的香港（中國）人，從日軍潰敗的一九四四年起就沒有在會議上發言，也幾乎不履行職務。

歷史學家蔡榮芳表示，關注歷史陳述就會發現，大多數歷史書籍只強調：第一、日軍有多麼殘暴，第二、大東亞共榮圈只不過是政治宣傳，第三、愛國的香港（中國）人有多麼憎恨日本。他擔心的是，如果只著重這些，歷史的多樣性便會變得極為籠統，而學習歷史的學生，其分析能力也將逐漸弱化。從這點來看，如實陳述歷史比什麼都重要。

香港（中國）人分三類

在開始講述歷史故事前，我常問學生們一個問題：「如果乘坐時光機回到日本占領時期，我們會怎麼生活，又會做什麼？」希望讀者們閱讀時，也能思考該如何回答。

蔡榮芳認為，日占時期的香港（中國）人都是日本的合作者，並分為下列三種：

- 在別無選擇的情況下不得已協助日本的人，即大多數的香港（中國）人。
- 為自身利益積極主動協助日本人的人。
- 真心贊同日本提倡「亞洲人的亞洲」概念，反對英美霸權的人。

蔡榮芳只分析合作者，並沒有提到反抗勢力。當時大部分人應該都屬於上述三種類型之一，但肯定也有積極抗爭的人們，即「東江縱隊」，相當於韓國的獨立軍。這是一支由中國共產黨指揮的游擊隊，共有六個中隊，大約五百人，任務是營救居住在香港的文化界人士及外國俘虜、蒐集日軍情報、破壞日軍的交通設施、處決日本走狗。

有人能全盤接受現況，有人無法接受，有人則處於一種不明確的狀態。英國殖民時期的

32 編按：日占時期的無實權諮詢機構，成員包括香港華人和洋人領袖。

香港是如此，日本統治時期的香港亦是如此。有些人不管主人換成誰，都還是能按照平時的方式生活，或有人說舊官才是清官，因而走上反抗的道路，而有些人就像隔岸觀火般，對所有事物袖手旁觀。

雖然歷史不允許我們想像，但如果香港（中國）人在日本占領期間比在英國統治期間吃得更好、過得更好，尤其是香港的老百姓還能過上舒適的日子，那麼歷史將會如何表述？

比起民族性，能信的只有實際利益

殖民主義有句話說：「在它消失的瞬間會重新回來。」我換個方式提問，意思應該就會更明確：「韓國很早以前就從日本帝國主義中解放出來，但我們真的能擺脫所有國家、力量的制約嗎？」香港雖然受到日本統治，但戰後並未像中國那樣有反日情緒，日本商人也在一九四〇年代末期重回香港，可見雙方非常友好。有人聲稱，由於香港原本就是殖民地，所以很難產生強烈的苛責，不過也必須考量到當時是戰爭時期。

香港有了被日本治理的經歷後，反而更加喜愛英國。一九四四年，香港知名的中國醫生到倫敦遊玩時說：「中國社會的上層人士，都希望被英國統治。」日本投降後，捲土重來的香港（英國）政府對於那些幫助日本的香港人和外國人，採取較為寬容的處置方式，印度警察和獄卒則被遣送回印度，但一般警察大都繼續留用。另一方面，政府將香港（中國）菁英個別處理，強制積極協助日本的人士退出政界和社交圈，並重新任用消極配合日本的人。

日本提倡的亞洲民族主義，強化了香港人作為中國人的民族意識。因此，重新上任的港府不得不改變統理風格。

一九四五年大日本帝國戰敗後，英國統治的香港也發生巨變。一九四六年香港（中國）商人承攬所有香港重建案，一九四八年首次任命香港（中國）人為政務主任，一九五一年，在立法局議員席次中，香港（中國）人數超過英國人。另外，還廢除《種族歧視條例》，即只有外國人才能居住在太平山頂和長洲島的法律。

蔡榮芳也說，隨著環境改變，香港（中國）人在日本殖民之下，出現

▲ 以文化大革命紅衛兵為主題的作品，這是「中國當代藝術四十年」展覽，目的是讓中國與香港成為一體（M+博物館藏品）。

猶豫、動搖、疑惑及期待等情緒，也可以看出他們如何維護自身利益。經歷日本統治後，香港人的身分認同變得更加複雜。在英國治理下吃得好、過得好的人們，在日本統理下突然淪落為底層階級；在英國殖民時期受苦的人，在日本占領時期則過著呼風喚雨的生活，上述狀況使香港人變得混亂，也代表著實際利益被強化。

這種歷史經驗會刻印在每個人的大腦（基因）裡，有人會強化身分認同，有人則會強化現實利益，特別是雙重殖民經歷讓香港人認為，**比起民族性，能相信的只有實際利益**，這種信念也在社會上獲得支持。就這樣，香港人一步步向利益靠攏。

第八章

港版文化大革命，六七暴動

文化大革命是去中國化的開始，也是讓香港人徹底打破「像個中國人」的契機，更是尋找香港認同感並加以強化的轉捩點。

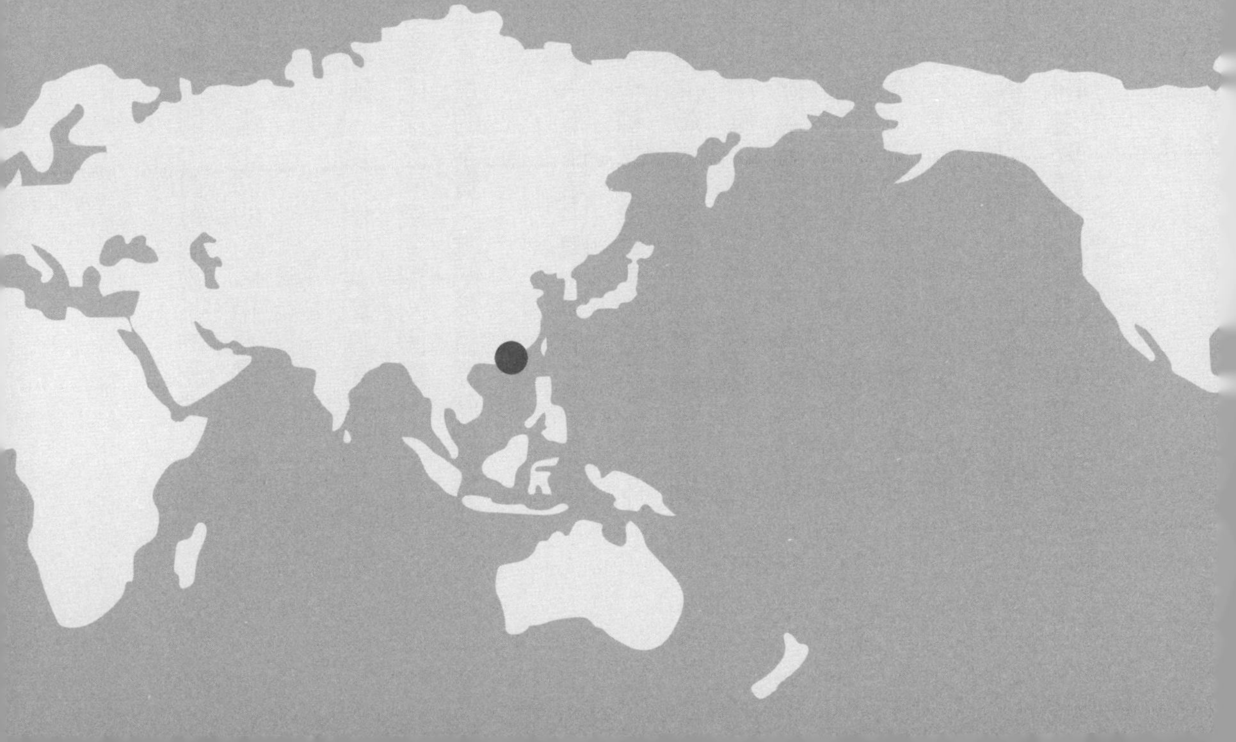

有人期待變化，也有人希望強力改革，還有人渴望推翻一切。對每個當下的認知、判斷機制及意志，正是那個人的意識，這是認知和判斷差異所致。當不同的認同相互碰撞，總會出現矛盾，而盡頭就是暴力和戰爭。

我們稱為「中國」的國家，其正式名稱是中華人民共和國，是一個由共產黨掌權的社會主義國家，非常重視民族自尊心和無產階級。共產黨本就是國家認同感強烈的團體，他們為了能一口氣推翻一切而革命、為了大義而聚集，這就是共產黨的本質，其鬥爭目標就是要讓中國共產化。

「當中國共產黨成為中國的主人時，社會將變得如何？」不僅是中國人，全世界人都非常關心。他們是否能按照口口聲聲主張的，爭取中華民族完全獨立、建設平等公平的社會？會一舉收回被西歐列強占領的租借地和租界嗎？抑或是不惜開戰，也要將永遠割讓給英國的香港一併討回？當時，香港的右派報社還展開將香港歸還給中華民國（臺灣）的運動。

一九四九年，中國共產黨成立中華人民共和國，也為社會主義奠定基石。現在他們有一項新任務——輸出革命，而鄰近的香港成為其第一個對象。同年，香港（英國）政府為了防備變革，解散三十八個左派團體。儘管如此，當地的左派組織，仍受到中國共產黨港澳工作委員會的指手畫腳。

中國共產黨的方針是等到時機成熟後，再透過協商解決香港問題。一九四六年正值國共內戰，**毛澤東曾對英國記者說，除非英國人虐待香港人，否則沒興趣收回香港。中國共產黨**

對香港採取的政策是「長期打算、充分利用」，也就是說，保留香港作為英國的殖民地，在長遠的規畫下充分利用它。

中國共產黨透過國營通訊社《新華社》香港分社，持續向海外華僑宣傳共產黨思想，考慮到從華僑那邊得到的支持和外匯，並沒有理由動搖香港現今的地位。相較於民族主義，在經濟方面能取得的實際利益顯然更大。不僅是中國和香港，簡單來說，只要放棄身分認同，利益便能無限擴張。

中華人民共和國成立後，中國政府宣布廢除與西方帝國主義國家簽訂的所有不平等條約。自始至終被指為不平等條約產物的香港（英國）政府不得不緊張起來，並且睜大眼睛看著社會主義政權的一舉一動，而為了應對中國提出的回歸要求，香港（英國）政府準備各種方案，據說還曾考慮過要移交香港。

與英國預想的不同，中國決定讓香港維持現狀，正確來說是沒有餘力收回，因為中國共產黨正處於孤立無援的處境。之前一直忙著與國民黨打內戰，已經筋疲力盡，而且共產黨建立的中華人民共和國尚未被世界認可。然而，支配香港的英國，採取的行動卻不同。一九五〇年，美國仍支持臺灣的中華民國（國民黨）政府，但英國不顧美國反對，第一個承認中華人民共和國是國家，並與中國共產黨交流，這是實際利益相互碰撞的最理想結果。

一九五七年，中國國務院總理周恩來表示：「香港可作為我們同國外進行經濟聯繫的基地，可以通過它吸收外資、爭取外匯。」實際上，在韓戰期間，中國突破禁運規定，透過香港走私石油、天然氣、盤尼西林等海外物資。

而香港也受益良多，新界居民利用卡車和船隻，將能賣的東西紛紛運往中國。在此，我也希望讀者能關注新界。位處中國邊界的新界，其意識與居住在香港島或九龍半島的香港人完全不一樣，這點對中國政府來說，猶如擁有千軍萬馬。

一九五七年，另一個象徵香港的邵氏兄弟電影公司（Shaw Brothers）成立。隔年，英國賦予當地政府財政自主權，一九五九年貿易出口額超過轉口額，就此奠定其經濟基礎。

一九五八年牟宗三、徐復觀、張君勱、唐君毅等中國頂尖新儒學學者，在香港發表《為中國文化敬告世界人士宣言：我們對中國學術研究及中國文化與世界文化前途之共同認識》（*A Manifesto on the Reappraisal of Chinese Culture: Our Joint Understanding of the Sinological Study Relating to World Cultural Outlook*）。這不僅是中國學者對全世界的宣言，也象徵中國思想沒有被馬克思主義打敗，更是香港意識的重要里程碑。

這則宣言將中國認同感的分化公諸於世，也可以藉此窺探當時學者的苦惱。也就是說，選擇在被稱為第三地帶的香港公開宣言，是為了防止被當作政治解釋。縱使中國共產黨占領大陸地區，但並不是所有中國人都承認其主體，也並不代表社會主義思想的勝利。這是這群學者想對中國、乃至西方世界傳達的訊息。

香港作家陳慧所寫的短篇小說《日光之下》，著重描寫一九六〇年代香港底層居民的生活。作品中的主角非常苦惱，不曉得要繼續住在香港，還是回到中國，抑或是留學、移民美國，如實反映出當時香港的定位和當地人的煩惱。

香港著名小說家劉以鬯（音同唱）離開故鄉上海後，待過新加坡、馬來西亞等地，最後再度回到香港定居。他以長篇小說《酒徒》講述香港同一年代的悽慘故事，該作品展現出每個人隨心所欲過日子的人生百態，並藉此批判香港社會。書中描寫在拜金主義（Money worship）社會中，一家八口擠在一張床上睡覺等香港小市民的生活，而作者也藉由主角的嘴反覆說道：「香港真是個奇怪的地方。」我想關注該部小說中描繪的香港社會，此後是否有發生重大變化。

意識型態教育，將港人從政治中分離

中華人民共和國在建國初期並沒有被認定為國家，後來自己關上大門，稱為「竹幕[33]」（Bamboo curtain）。遙望著中國邊界的香港，雖然非其本土，卻是最了解中國的地方，甚至可以說比起在國內所見，從香港來看更為準確。

33 編按：指在中華人民共和國和中華民國之間的臺灣海峽、中華人民共和國與英屬香港及葡屬澳門的邊界、大韓民國和朝鮮民主主義人民共和國之間的三八線、越南民主共和國和越南共和國之間的一七線以及東南亞西北部模糊的社會主義國家邊界。

香港是中國、西歐相互對峙的邊境。對中國來說，香港是通往世界的大門；對西方國家而言，香港是監視中國的縫隙。歷史學家周子峰曾就英國、中國和美國三方立場來看香港，他清楚體現香港夾在三國之間的窘境，而這些觀點至今仍有效。我將其內容整理如下：

- 英國：必須考慮香港自身利益，想幫助美國牽制中國，卻也在防備美國勢力擴張。
- 中國：想把香港當作通往世界的政治經濟通道，同時透過其削弱英美同盟關係。中國總是批評，香港是美帝主義的基地，英國則是美國的走狗。
- 美國：將香港作為監視、牽制和包圍中國的前哨基地。美國駐香港及澳門總領事館是全世界規模最大的總領事館。甚至有傳言說，美國掌握到的中國情報大都來自於香港，而且也是吸引英國支持美國推行亞洲政策的籌碼。

曾擔任《新華社》香港分社負責人（實際上是中國政府派遣）、後來逃亡到美國的許家屯回憶道：「香港曾是中國情報網的最大據點。由於外國間諜過於囂張，我們便應中華人民共和國國家安全部的要求，設置防竊聽裝置。儘管如此，我還是不放心，若有事情需要向北京報告，我會搭船到深圳（位於香港旁邊的中國都市）去打電話。」

一九五〇年前後，國民黨軍人和相關人士大舉來到香港避難，左右派經常在臨時搭建的難民營中發生衝突。一九五〇年代，中華民國（國民黨）推行「反攻大陸」政策，當時就連香港也和共產黨針鋒相對。一九五五年，國民黨甚至炸毀中國代表團飛往印度的飛機。一九五六年中華民國（臺灣）國旗遭到破壞，右派發動暴動，洗劫左派商店，並殺害該派系人士。左右派的勞工，乃至黑社會組織全部出動，間諜則躲在幕後操縱，使得情況更加惡化，警察開槍射殺五十九人。在中國總理周恩來的抗議下，香港（英國）政府逮捕包含引發騷亂的主謀在內共三千人。

香港加快「去意識型態」的教育步伐，首先必須淡化左右派的意識，換言之，要透過不同於中國和臺灣的身分認同教育，將港人從政治中分化。

一九五二年，香港當局開始檢討學校課程中的中國歷史和中文，結論是側重中國文化教育。香港（英國）政府想用中國文化，戰勝中國和臺灣強調的黨派認同，這是以普遍、適當的名義來淡化極端。

解決意識矛盾應該從尋找共同點開始，因此首先需要文化和教育。最好先找到雙方一定能認可的共同點，而香港（中國）人學習和熟悉的中國文化便是人之常情。正如前面所述，香港（英國）政府加強教科書的審查，在培養學生中文溝通能力的同時，也重視中國傳統思想和古典文學。

當時港人和中華人民共和國的人民一樣，對社會主義的期待感與日俱增，中國人持續以「統一大陸」喚起當地人的愛國心。此外，象徵殖民主義和資本主義的香港社會，總是無法擺脫種族歧視和貪汙腐敗，再加上物價上漲和勞工生活惡化等，使得左派工會的影響力越來越大，該派系的認同感也正在擴散。

中國共產黨也在不斷進行煽動宣傳，一九五〇年代，在香港成立《文匯報》、《大公報》、《新晚報》等親中的左派報社；國民黨也不甘示弱，創辦《香港時報》、《工商日報》、《星島日報》等親臺的右派報社，雙方全力展開攻防戰。

一九六〇年代中國政府派遣越劇[34]團到香港。當時中國經歷反右運動和蝗害，在國際上的形象已經差到不能再差，故而此舉的目的是消除流言蜚語。演出大獲成功，為此國家主席劉少奇留下評語：「你們一九六〇年去香港演出，是做統戰工作，很出色，很成功。」

美國也把香港當成世界反共基地，透過友聯出版社等機構刊行《中國學生週報》、《兒童樂園》、《大學生活》等右派報章雜誌。不僅如此，美國駐香港的新聞處還支援多位作者創作反共作品，並推行宣傳雜誌《今日世界》等。一九五七年，香港共有四十二家報紙（包含中文和英文雜誌）。

反對文革，金庸被列暗殺名單

一九六五年香港爆發大規模暴動，原因是連接香港島和九龍半島的天星渡輪收費上漲，結果一千四百六十五人遭到逮捕，人們逐漸發出這段期間對貧富差距和貪汙腐敗所累積的不滿。當時，中華人民共和國也有數百萬人因人民公社的失敗和蝗害餓死。

到了一九六六年，生於香港的人口已占總人口的五三．八%，也開始出現電視節目。同年，中國爆發文化大革命，毛澤東企圖透過極端化的社會主義運動，來突破執政以來的最大危機，所有的批評都被視作威脅，而這股意識日益膨脹，重新喚起革命。中國共產黨領導人之一的柯慶施曾說過：「相信毛主席要相信到迷信的程度，服從毛主席要服從到盲從的程度。」而他也一夜之間晉升為政治局委員。

文化大革命被沙特等左派思想家譽為人類歷史上從未嘗試過的壯舉，其影響遍及中國、香港、臺灣，乃至於全世界。具有毛澤東思想的香港左派工人，也引領抗議活動。

一九六七年五月一日勞動節，香港勞工因勞資糾紛和警察發生衝突，即「六七暴動[35]」（Hong Kong 1967 leftist riots），香港等於也開啟另一場文化大革命。左派團體在工廠貼大字報、高舉毛澤東語錄，還站出來抗爭。五月十七日，有一百萬人湧進英國駐北京代辦處，並要求英國離開香港；五月十八日，北京體育場聚集了包括總理和外交部長在內的十萬名群眾，他們批評香港（英國）政府勾結國民黨破壞中國秩序。

之後更成立「港九各界同胞反對港英迫害鬥爭委員會」（簡稱鬥委會），從該會名稱可看出，他們全面提出反對英國帝國主義。《人民日報》和《新華社》鼓動香港示威，批評英

34 作者按：浙江、上海、江蘇地區的傳統戲劇。
35 編按：亦稱一九六七年香港左派暴動。

國勾結美國，是妨礙中國的惡勢力。帝國主義和資本主義正在雙重剝削香港（中國）同胞，必須盡快解放他們，而這樣的名義總能發揮巨大力量。

上千名左派勞工包圍香港總督府（Government House，現稱香港禮賓府）。香港當局頒布戒嚴令，禁止廣播煽動性言論、禁止張貼煽動性海報和傳單。據政府公布的數據顯示，僅僅六個月就有五十一人死亡（包含十名警察），超過三百人被炸傷，五千人遭逮捕。

中國國務院總理周恩來很晚才下達「有理、有利、有節」的原則，但香港左派的情緒已極度高漲，他們開始炸毀電影院、公園、市場等公共設施，還縱火焚燒公車和計程車。

一九六七年七月，訴求革命的香港激進左派用石頭、鹽酸、魚炮等攻擊警察。八月，知名記者因批判左派暴行而被潑油縱火，包含他在內的兩人被活活燒死。香港當局下令將煽動革命的《香港夜報》、《新午報》、《田豐日報》等三家報社停刊。在大陸地區的中國人，還放火燒了英國駐北京的代表處，自九月起，香港左派開始失去中國政府的支持。

香港（英國）政府等著發表軟硬兼施的兩面政策，並致力於分化左派意識。他們提出的方針是，只要承諾不罷工，就會從輕發落。香港大學學生會發表聲明支持政府，香港專上學生聯合會（Hong Kong Federation of Students，簡稱學聯）也站出來呼籲停止暴力，地區（社區）組織、各種協會、學校等，紛紛加入聲援。中立雜誌《明報》挺身而出後，發行人兼武俠小說大師金庸，卻被列入左派的暗殺名單中，而他也是在那時逃往新加坡。

最終，香港人徹底背棄革命，導致名利雙失。歷史既不理性，也沒有耐心，即使面對相同場景還是會改變，六七暴動和世界皆是如此。正如康德（Immanuel Kant）所言：「革命無法延續到真正的思考方式的改革。」卡夫卡（Franz Kafka）也曾說：「變革火焰消失後，只會留下新的官僚主義灰燼。」香港社會的國家認同如今放棄革命，轉而發展穩定。

六七暴動，勞工運動被消滅

受文化大革命影響的六七暴動，是清楚刻印在港人大腦（基因）中的集體記憶。大多數人都同意，六七暴動是另一件促使香港誕生出新國家認同的重大事件。

過度激烈的暴動有時會讓歷史悲劇重演，無論是哪一方，暴力都成了極端的禍源。大部分香港市民起初是支持且同情示威者，但隨著左派的行動越演越烈，香港人開始反感，而這也造就出他非常新穎、清晰的認同感形象。如今，示威的正當性逐漸與市民脫節，激起那些討厭共產黨、從而逃離中國的香港人的內心恐懼。對他們而言，革命等於暴力。這件事也讓其徹底變得保守，即大腦（基因）傾向重視穩定。一九六六年秋天，香港（中國）政治人物張有興在市政局會議上留下此發言紀錄：

「香港華人社會對中國文化有信心，我們是孔子的子孫，從孔子的精神中發展出了誠實的中國人性格。我們不希望失去文化傳承，更應該使其現代化，以適應當今世界。」

文化大革命徹底改變香港人對中國的意識，甚至完全放棄與中國連結。不僅如此，這可說**是香港去中國化的開端**，同時，也是讓香港人徹底打破「像個中國人」的契機，更是尋找香港及當地認同並加以強化的轉捩點。

另外，從馬來西亞社會和華人社會發生的「五一三事件[36]」（13 May Incident）同樣可以得知，各自的意識獲得劃時代的強化。此後，馬來西亞三大族群[37]和平共處，國民都知道要維持「曖昧的緊張狀態」。

暴力示威刺激香港左派心理，也凍結勞工運動。奪走無辜生命的流血事件固然令人心痛，更遺憾的是，勞工運動被扭曲，阻礙社會發展。此後，香港（英國）政府試圖切割左派與社會，不斷將他們他者化、妖魔化，關於改善勞工權益的所有討論也隨之停止。

我認為，香港勞工運動因此事件被徹底消滅，並對社會

▲ 此前正在裝修的香港歷史博物館，裡頭展示著簡略版的《香港故事》。

的健全發展造成長久負擔。明明是能鞏固香港意識的重要記憶，卻讓民眾失去方向，忘記它是有彈性、有空間的，從這一點來看，實屬悲劇。

庫爾特．勒溫表示：「有必要營造不引起憤怒、敵意的合作環境。」這是因為上述兩種情緒，會引發其他的憤怒和敵意。反覆接觸痛苦的歷史，會加深連帶感，也會對伸張正義上癮，這樣一來，只會越執著於驗證自己的偏見，同時加強他者化。香港人把來自中國的人士及外籍勞工皆視為他者。

香港社會全面右傾，此後對左派的成見成為最大真理，也形成一種根深柢固的社會偏見，還阻礙內部理性的發展，其代價深遠且巨大。

六七暴動是讓當地人重獲新生的重要轉折點，最重要的是，開始發自內心提出疑問「我們是誰？」、「誰站在我們這一邊？」至少，由中國共產黨支配的中國，再也不是我們的祖國。另一方面，香港人與政府的共同感加深，作為香港人的國家認同也變得更加強烈。就像政治傾向一樣，意識型態轉換與重大事件有直接相關。

36 編按：發生在馬來西亞的一場種族衝突事件，爆發於一九六九年五月十三日，並延續數月。

37 編按：華人、馬來人和印度人。

第九章

東西文化並存的第三空間

香港內部存在廣義的「第三地帶」，既不左也不右，而是徹底中立。它既不詢問也不計較你的思想或理念，更不會要求你選擇。

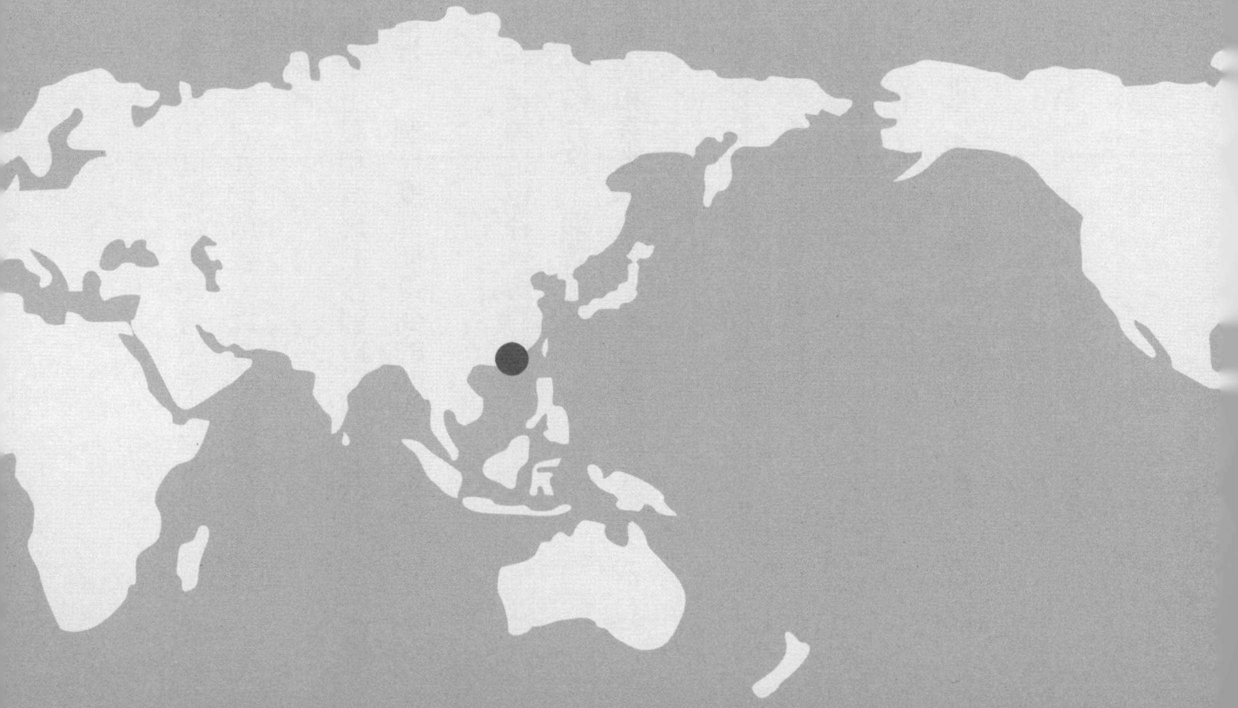

如果香港六七暴動的歷史創傷發揮巨大影響力，那麼個人和團體都會變得不幸。至少，歷史需要現實，而非浪漫，重點是，冷靜觀察事件或運動背後的真正意義。六七暴動是對現存香港社會的警告，更是平民百姓們再也無法如此生活的吶喊。

從長遠來看，香港社會正在瓦解。許多學者主張，資本主義和殖民主義都以不同形式剝削港人，其結果正是造成全世界最大的貧富差距。儘管這是一個什麼都能得到的社會，但僅適用於少數的上流階層。

有人說美國是能融合所有認同意識的熔爐，但也有人說美國是包容一切的社會。很多人指出，無論是韓國人還是中國人，在美國都各自生活在自己的社區，即各過各的，我認為，香港也是人們各自獨立生活的社會。香港社會不僅是英國人和香港（中國）人分離的種族隔離社會，它也是富裕和貧困的階級社會。

有評論稱，香港（英國）政府對人民的福利漠不關心，他們經常擔心，如果社會福利變得太好，就會有更多中國人口流入。有紀錄顯示，一九三七年許多人連喪葬費都沒有，一千三百具屍體就這樣被棄置街頭。

我覺得香港的勞動條件和居住環境，從過去到現在都沒有太大的變化。根據二〇二一年的調查，香港的七百萬人口中，仍有二十六萬人極為窮困，他們生活在籠屋[38]（caged house）和棺材房[39]（coffins）。

有些港人雖然曾住在香港，卻選擇不繼續住下去，這稱為「內部移民」。當學生聽到無聊的講座，或信徒一直聽從訓斥的證道時，都會靈魂出竅，換句話說，就算身體還在那，但早已心不在焉。香港（英國）政府也是如此，一邊聽著人民說話，一邊越來越貪汙腐敗。

一九六〇至一九七〇年代，香港社會的貪腐由上到下蔓延開來，甚至在將病患送往醫院或在發生火災要滅火前，都要先塞紅包。一九七〇年代初期，香港公務員貪汙情形非常嚴重。警方涉入賣淫、賭博、吸毒等，每年賺取的不法所得高達十億港幣[40]。

一九七四年，英國警察高層私吞四百三十七萬港幣（當時一間公寓約兩萬五千港幣），並捲款逃往英國，後來在輿論壓力下遭遣返。這是「廉政公署」（Independent Commission Against Corruption，簡稱ＩＣＡＣ）成立的起源，它至今仍是令香港引以為傲的公職人員調查機關。

推行社會福利，提升歸屬感

文化大革命席捲香港後，政府便加快發展的步伐，這都是為了把港人的心留下來而採取

38 編按：居住者住在以鐵籠包圍的單人空間。
39 編按：這是劏房（音同湯）的極致版本，每人僅有一床大小的空間。
40 編按：依二〇二四年三月臺灣銀行匯率，約等於新臺幣四十一億元，一港幣約等於新臺幣四．一元。

的措施。**經濟政策也從「自由放任」轉變為「積極不干預」**。

此時，香港的國家認同大幅提高。一九七一年，粵語使用者已達八八・一%，同年，李小龍的《唐山大兄》（*The Big Boss*）上映。隔年，開始流行粵語歌曲。也就是說，港人開始產生自信，在香港生活、使用粵語——正是國家意識的展現。這與政府當局積極推動為市民謀取福利政策的時期一致，相關重大事件整理如下：

- 縮短工時（一九六八年）。
- 設立民政辦公室，說明政府政策、支援青年活動（一九六八年）。
- 提高勞工的賠償金額（一九七〇年）。
- 賦予女性勞工產假（一九七一年）。
- 實施小學義務教育（一九七一年）。
- 擴大立法局席次（一九七二年）。
- 發表十年住宅建設計畫（一九七二年）。
- 推動清潔香港運動（一九七二年）。
- 發表「夥伴」概念的社會福利政策（一九七三年）。
- 設立反貪腐機構廉政公署和消費者委員會（一九七四年）。
- 承認中文為法定語言（一九七四年）。

- 實施九年義務教育（一九七八年）。
- 認可香港大學、香港中文大學、香港科技大學等三間大學（一九七八年）。

港府大幅擴建公園、運動設施、圖書館、博物館、電影院等便民設施，這些福利對於提升港人的歸屬感和自豪感產生很大影響。一九六四年，英國工黨（Labour Party）執政後，推動去殖民化，對種族歧視或女性歧視等認知皆有所提升，當然也逐漸影響香港（英國）政府，**香港自一九六六年以後，就沒有執行死刑**。

一九六八年，英國殖民地部（Colonial Office）編入外交部，促使香港（英國）政府的自治權相對擴大，中英關係也轉為破冰，一九七二年建立大使層級的外交關係，一九七四年英國首相訪中，一九七八年中國政府宣布「改革開放」，隔年香港總督首次正式拜訪中國。

隨著世界各國的殖民地陸續獨立，香港的國際地位也得拿出來討論。特別是，一九七二年聯合國針對殖民地現狀的調查，中國政府不得不重新整理對香港的立場，當然，這都是為了要拿回香港和澳門主權所做的布局。在同年十一月舉行的聯合國第二十七次會議上，聯合國承認中國政府對港澳問題的立場和要求，有關中國的立場如下所述：

- 香港、澳門是被英國和葡萄牙占領的中國領土一部分。
- 解決香港、澳門問題完全是屬於中國主權範圍內的問題。

- 港澳根本就不是一般所謂的殖民地範疇。
- 港澳不應列入殖民地宣言中適用的殖民地區名單之內。
- 在條件成熟時，用適當的方式和平解決港澳問題，在未解決之前維持現狀（聯合國無權討論這個問題）。

一九七一年中國加入聯合國之際，全球正準備處理殖民地問題，香港自然也是。對此，理應感到高興的中國政府，卻要求聯合國把香港從殖民地名單中撤除，由於在二戰後，大部分殖民地都被准許獨立，中國擔心這會阻礙自身未來發展。

起初，中國共產黨選擇了實際利益，在學習歷史的過程中絕不能錯過此點，因為這就是他們想要隱瞞的部分。透過這件事，不僅可以知道中國政府的真面目，也可了解到他們總是為了利益放棄國家認同。[41]

當時的媒體和學界並沒有那麼關注這一點，學者們針對中國政府的決定解釋道：「這顯示出香港的未來不是由英國決定，而是中國，並暗示香港人無法自行作主。」但港人對未來持樂觀態度，並沒能讀懂中國欲恢復主權的意志。

香港人認為，一九七〇年代的香港經濟正在蓬勃發展，中國政府應該會像之前一樣維持現狀，而且一九七四年葡萄牙向中國表達歸還澳門的意圖，卻遭到拒絕，這也被視為中國不會收回香港主權的好兆頭。

越是歧視，越顯優越

每到選舉季，韓國都會出現「打破地區格局」的口號，地區一詞就像惡魔，成為眾矢之的。我認為，上述話語很有政治意味，因為「打破」本身隱含想要獲得反方利益的意圖。高呼「打破地區」的人，反而可能是想利用地區意識謀取好處。任何一個國家、地區之間都存在一定程度的緊張感，而每個人也都帶著不同意識型態生活。

地區格局不同是理所當然的事，若將其視為一種罪惡，就是非常政治的行為。地區共享集體記憶，正如記憶造就個人，它也會造就群體，而這正是地區認同感的重要組成要件。六七暴動使其變得明確。

另一個「集體意識」，是指社會成員擁有共同意識。在六七暴動中，香港左派表現出的暴力舉止，強化了港人的反中和反共思維，再加上，一九七〇年代香港開始出現地鐵等公共措施、社會福利大幅提高，因此富裕的香港與貧窮的中國形成對比，優越感也更加強烈。

文化基因也加快了香港身分認同的形成，以李小龍和成龍為代表的香港電影全盛期，一

41　編按：一九七二年十一月二日，聯合國大會通過了委員會建議的《給予殖民地國家和人民獨立宣言的執行》，從殖民地名單中剔除香港和澳門。往後，香港和澳門無法以殖民地身分獨立，此舉為中華人民共和國接收香港與澳門的主權製造背景條件。

直延續到一九八〇年代吳宇森和王家衛導演所拍的電影。一九七四年可說是粵語流行歌曲的元年，此後粵語流行歌曲風靡中國和臺灣。一九七〇年代，香港流行文化的發展，也逐漸使當地人覺得自己很優越。

清潔香港運動始於一九四八年，是一場旨在培養「香港是我家」的全港府運動。一九六五年至一九六九年，政府推行社區清潔運動，呼籲市民打掃房屋、防治蚊蟲及洗手等，隔年，成立清潔香港策劃委員會。從一九七四年起，成立「少清隊」（今公益少年團），引導學生打造整潔的環境，這些都是當局為了強化對香港的自豪做出的努力。

另外，文化大革命結束後，許多中國人趁著鬆綁政策移入香港，人數多到快無法控制，讓當地人感到焦慮。個人認同感會受到他者或他者認同感的刺激，不安感增加了「我們」的排他性。越是歧視對方，自身意識便越顯著。

在一九七二年之前，只要在香港出生的人便能獲得永久居住權，但從一九七二年起，必須連續住滿七年以上才能申請。一九八〇年起，香港暫時廢除抵壘政策，逮捕非法入境者，並強制遣返中國。

我在一九八〇年代中後期時發現，香港警察會隨時要求行人出示身分證。外表寒酸或形跡可疑的人，警方一定會要求他們出示證件。如果我不洗澡、穿著拖鞋出門，一定也會被盤查，這是香港為了找出那些懷著香港夢而從中國潛入的他者。

每次在餐廳點菜時，我都會受到來自服務生和客人的異樣眼光。在他們看來，我不會說粵語，而是說普通話，像是剛脫離暴力又貧窮的中國，並抵達香港的外國人。對他們而言，我就像是「阿燦」的他者。

阿燦是一九七九年至一九八〇年播出的香港電視劇《網中人》主角，剛從中國來到香港的土包子，一口氣吃了三十個漢堡。此後「阿燦」一詞就成了貶義，泛指那些來自中國的新移民。就這樣，中國人成了香港人的他者。不，是港人透過阿燦享受著優越感。

第三地帶，徹底中立

香港（英國）政府正走向「第三條道路[42]」（Third Way），必須盡快擺脫中國的口號，即脫離民族和階級。賦予港人新的身分認同，尊重中國傳統文化，同時追求代表西方價值的自由與法治，才是確保統治穩定的方法。由於中國一直以「他者」的身分刺激香港，因此說香港意識型態是在一九七〇年代才快速建立起來的也不為過。另一方面，香港（英國）政府透過「香港是我家」概念拍攝的公益廣告等，也可看作是推動身分認同的結果。

42 編按：又稱新中間路線（Middle Way），是走在自由放任資本主義和傳統社會主義中間的一種政治經濟理念的概稱。

▲ 香港報攤販售的報章雜誌種類大幅減少，甚至消失，尤其是分析中國政治的政論雜誌。

人文學者劉再復屢次強調，中國只剩下「非我即敵」的範圍，而香港的「第三空間」[43]（Third Space）非常廣闊，這是說明香港意識時不可或缺的概念。香港是東西方文化匯聚的地方，在政治上，不偏向中國或臺灣，是個不受理念影響的區域；進一步來說，內部也存在著廣義的「第三地帶」，既不左也不右，而是徹底中立。它既不詢問也不計較你的思想或理念，更不會要求你做出選擇。

在以「混血」和「邊境」為代表的後殖民主義言論四起時，香港是非常值得探討的實際案例，它是中國和英國，即東西方的邊疆、文化共存等造就出的獨特區域。學者們認為，英國的統治方式賦予香港「東方明珠」的美稱，是比兩岸（中國、臺灣）還要更先進、更現代化的地方。以西方的理性主義（Rationalism）來看，香港（曾經）是亞洲最理性的地方。

43 編按：一九八二年美國社會學家雷・奧爾登堡（Ray Oldenburg）從城市及社會研究角度，提出「第三空間」的概念。他將居住的地方稱之為「第一空間」，花大量時間用於工作的地方稱為「第二空間」，而「第三空間」則是居住和工作地點以外的非正式聚集場所，更強調場所的社交作用。

第十章

一國兩制真的結束了嗎？

中國政府理所當然會將一國視為優先，而香港則需要兩制的保障。

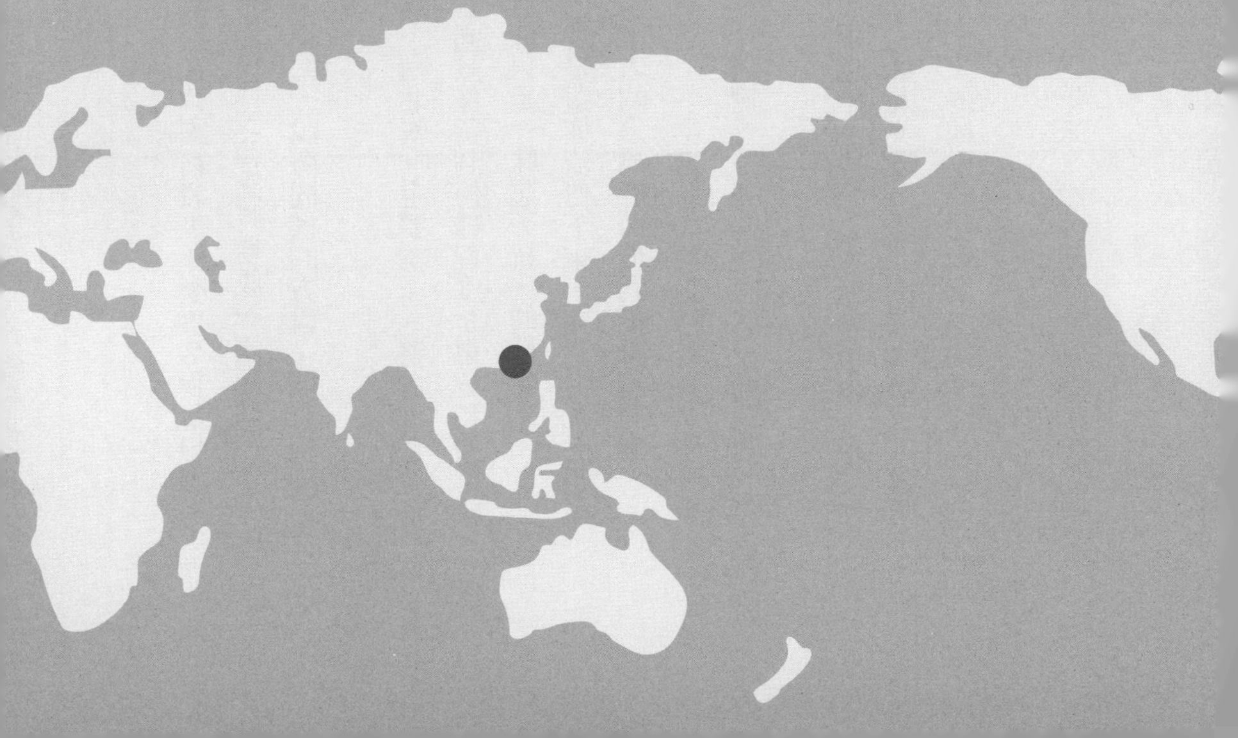

在研究香港身分認同變化時，我經常在想，如果套用在韓國會發生什麼事？我還想過，說不定建立左派特別行政區和右派特別行政區也不錯，這代表韓國將變成一國兩制，不，是一國多制的國家。與想法相近的人在一起生活時是幸福的，說著同樣的方言、擁有相同思維，是幸福的先決條件。

我在學習中國與香港的體制時，也經常想到韓半島，南北韓一定要統一（整合）嗎？在分裂的狀態下，統一（整合）是好是壞？各自的國家認同該保留到何種程度？東德和西德統一了三十年，但前者仍被視為特別少數，以此來看，無法只是一味想著統一的好處。

地區不只擁有集體記憶，也有共同話題，文化基因就是這樣流傳下來。在一九九七年，攸關香港命運的關鍵時刻即將到來時，全世界都在關注港人的意識能否得到維持和尊重。

隨著時間逼近，當地人一見面就開始討論移交的問題：「中國會如何對待香港？會要求回歸嗎？還是放任不管？英國會乖乖的將香港拱手讓給中國嗎？」不僅是個人，所有機構都在收集所有可用的資訊，反覆分析。

無論是個人還是機構，都難以擺脫思維的慣性，而那也是一種個人或社會基因。不變比變來得更容易，因為這樣就會多一事不如少一事，再者，當大多數人都不希望改變時，我們的大腦也會自行得出結論。「對於中國來說，香港是下金蛋的鵝，為什麼要殺鵝？」這樣的理論占據社會主導地位。

然而，中國政府卻與香港朝野所期待的相反。一九七〇年末，距離新界的歸還期限只剩下二十年，香港商界率先擔心了起來。香港島和九龍半島原本是永久割讓，最寬敞的新界地區則是從一八九八年起租借給英國九十九年，也就是說，到了一九九七年，該地區必須還給中國。

一九七九年香港總督訪中時，鄧小平表明了要收回香港的決心，不過總督回去後並沒有如實傳達此消息。雖然是不想製造麻煩，但對於香港而言，等於是錯失了能應對的先機。

英國政府內部為了延後歸還香港，擬定過多種方案，但中國政府也明確公開主權回歸的時間是一九八二年。鄧小平在會見英國首相愛德華・希思（Edward Heath）時表明，基於中國對臺灣「九條方針政策[44]」必須拿回香港，那時香港不僅股價跌掉一半，就連房價也跟著暴跌。

一九八二年柴契爾夫人以在福克蘭戰爭中獲勝的氣勢，開始與鄧小平談判。前者根據《南京條約》和《北京條約》等國際法表示：「一九九七年以後，英國將繼續統治香港。」後者則以《南京條約》是不平等條約、清朝已不復存在為由，決心討回香港。就這樣，雙方進入了正式談判階段。

英國把主權和統治權分開來協商，香港主權可回歸中國，但英國將繼續治理香港，不

44 編按：俗稱葉九條，由中華人民共和國全國人民代表大會常務委員會委員長葉劍英於一九八一年十月一日向《新華社》記者提出，作為與在臺灣的中華民國政府談判的基礎。

過，中國則堅持一併收回，同時也提出「港人治港」的條件。

可想而知，英國當時確實從各個層面充分權衡利弊。英國政府覺得，一九六〇年代早已透過香港獲得龐大經濟利益。如果中國以武力進犯，英國將保不住香港，但如果選擇自願歸還，則可以追求更大的外交利益。去殖民氛圍在英國政府內部形成主流意見，因此決定不再堅持留住香港。

經過無數難關，兩國終於在一九八四年九月簽訂《中英聯合聲明》，同意歸還香港：

- 除了外交和國防，有高度自治權。
- 享有行政權、立法權、司法權和終審權，現行法律基本維持不變。
- 保護英國在香港的利益。
- 制定《香港基本法》。

概括而論，核心就是「一國兩制」、「五十年不變」、「港人治港」。一國兩制即在中國實行社會主義、在香港實行資本主義，柴契爾夫人認為這是天才的想法，鄧小平則說：「這是馬克思主義的辯證唯物主義（Dialectical Materialism）和歷史唯物主義（Historical Materialism）的功勞。」然而，從目前的情況來看，中國似乎沒有信守諾言。當然，中國政府時常強調他們都徹底遵守這些約定。

對於英國來說，有兩點令人遺憾。其一是沒有一一闡述所有的約定，其二是沒能促成中、英、港三方會談。英方希望簽署像《大英百科全書》（Encyclopaedia Britannica）般詳盡的協議書，但中方只想簽訂記錄大致脈絡的兩、三頁文件，這點對香港民主化造成了長久的後患。

隨著中、英兩國著手協商回歸，香港人也逐漸苦惱，因為他們無法進入會談場所、無法為自己辯護。港方未能被認定為會議主體，這也預示著巨大的不幸。當時，某政治漫畫描繪出孩子站在父母（鄧小平和柴契爾夫人）面前，媒婆手握著「紙（《中英聯合聲明》）」，畫家將這種處境比喻成即將舉行傳統婚禮的新娘（請掃描左下方QR Code）。香港人無法自己決定命運，自卑感和憤怒也因此擴大。大部分的人不得不接受社會變化，但很多人既無法認可也不願苟同。因此，從一九八〇年到一九八六年，每年大約有兩萬人移民。從一九八七年到一九八九年，每年有三至四萬人離開，但這還只是剛開始。

一國重要，還是兩制重要？

一國兩制最早應該要追溯回一九五〇年代。一九四九年，中國共產黨取得勝利後，成立中華人民共和國，國民黨雖然撤退到臺灣，但雙方仍在金門等地作戰。一九五五

▲ 香港漫畫家尊子所繪關於香港回歸的政治漫畫，取自《紐約時報》中文網新聞。

年周恩來總理在全國人民代表大會上提到：「中國人民願意在可能的條件下，爭取用和平的方式解放臺灣。」

一九七九年一月至二月，鄧小平在訪美期間表示，只要臺灣回歸「祖國」，就會尊重當地的現況和制度。一九八一年八月，他說，臺灣是中華人民共和國的一個省分、一個地區，將維持既有的制度和生活方式，也就是說，會充分認定臺灣意識。一九八二年一月，鄧小平再次提及臺灣問題，並首次公開「一國兩制」（一個國家、兩種制度）的概念。

一九八二年九月，鄧小平與柴契爾夫人在會談時講到，會保留香港現行的政治、經濟、制度，甚至是大部分法律等。一九八四年六月，鄧小平在會見香港工商界訪京團時反覆強調，將以一國兩制解決臺灣和香港的問題。事實上，這是唯一能處理不同國家意識的對策，但問題是，一國兩制中「一國」和「兩制」的比重和順位，究竟是前者重要還是後者重要，冗長的鬥爭就此揭開序幕。

也許這是一個永不會結束的命題。中國政府理所當然會視一國為優先，而香港則需要兩制的保障，維持五十年不變，並承認其資本主義制度。如果說資本主義制度是自由的象徵，那麼從結果而論，香港並沒有得到完全的保障。

從之後的歷史來看，「港人治港」只不過是口號而已。對香港人而言，最重要的不是由當地人來治理，而是交由具有某種國家認同的領導人統理。

香港移交後，中國政府全力選拔具有親中傾向的領導人，卻疏忽了要以哪種意識為優先，本應保障香港認同的領袖，卻沒能做到。雖然選出來的行政長官是在當地出生並成長的香港人，卻是具有典型中國國家意識的人，也並非重視和尊重香港認同感的人。

中國特色社會主義

中華人民共和國是社會主義國家，正確來說，是正在走向理想共產主義的國家，更是具有特殊性的「中國特色社會主義」國家。為了認識香港，一國兩制是關鍵，而為了了解一國兩制，需要知道社會主義和鄧小平，以下我將簡短說明。

馬克思理論的核心是「五階段論」，其主要內容是，人類歷史起源於原始社會，會經過奴隸社會、封建社會、社會主義社會、資本主義社會，而當資本主義發展起來，必然會出現嚴重的貧富差距，且很快會有勞動階級革命，然後建立無產階級專政的社會主義國家。再進一步發展，就會進入烏托邦的共產主義。當然，這是馬克思實現理想的架構。

問題在於，馬克思並沒有詳細說明社會主義這段過渡期的時長和型態，所以左派理論家就各自表述。文化大革命結束後，中國政府決定改革開放，卻因此陷入兩難，既不能宣布放棄社會主義，也不能回到資本主義。

當時他們創造出「社會主義初級階段理論[45]」，並稱這是具有中國特色的社會主義，也就是說，用「中國特色」這四個字克服了理論上的困境。以後面對「你們是社會主義還是資本主義」的所有提問，中國特色這一形容詞就像變魔術般有用。

中華人民共和國自一九四九年成立起便進入社會主義階段，所以他們把往後的一百年定為初級階段，屆時全國上下將處於小康社會。即一九九七年香港回歸後，到完成社會主義初級階段的二〇五〇年為止，中國就能富強到足以接管先進的香港，這就是中國承諾會保障香港資本主義制度五十年的原因。

中國表明要在「一國」之下實行「兩制」的意志，而這也是解決不同意識的方法。

在此，我想引用史迪芬．平克（Steven Pinker）在《再啟蒙的年代》（*Enlightenment Now*）中的言論。前蘇聯、中國、古巴等政府都推動了五年計畫，這些國家都藉此提高人民的健康和素養，但不變的是，住在那些國家的所有人都過得很憂鬱。平克進一步表示：「健康、富裕、識字，並不代表一定能享受有意義的生活。」

從目前香港的情況來看，認定香港認同感的「一國兩制」體系，能否在往後的幾十年繼續扎根？我想，應該是所有人的疑問。

中國社會主義造就出了兩位偉人，那就是毛澤東和鄧小平。

中國學者們用「紅」和「專」來解釋。毛澤東是「紅」的代表，鄧小平是「專」的代表，分別指思想和專業，即名分和實際利益。毛澤東一生都在強調社會主義思想，鄧小平則始終堅持實事求是、專業性。毛澤東是理想主義者，他認為，即使是菜園，也可能產生個人私利，因此不允許農民擁有；鄧小平則是一名實用主義者，他覺得，農民利用菜園進行一定程度的經濟活動，是可接受的。

「是理想（名分）主義者？還是現實（實際利益）主義者？」很多人無法放棄夢想和理想，而理想主義者的代表毛澤東，自始至終主張階級鬥爭、勞動均等、分配均等。另一方面，也有很多現實主義者表示，雖然尊重原則，但更重視現在身處的現實，鄧小平曾說過一句象徵性口號：「不管黑貓白貓，能捉到老鼠就是好貓。」

和所有歷史一樣，中國社會主義也是名與利之間的鬥爭，毛澤東是位不斷強調革命的理想主義者，所以包括鄧小平在內的實用主義者，時刻覺得性命危在旦夕。鄧小平曾不止一次在鬼門關前走過，他還被戲稱為「不倒翁」。

毛澤東很早便預言，自己死後，以鄧小平為首的實用主義者會放棄社會主義。從結果而論，毛的觀點正確。此後，鄧小平一直把「要允許一部分人先富起來」的先富論，和「發展才是硬道理」等掛在嘴邊。最近，看到中國的貧富差距和環境破壞等狀況時，我偶爾會想起毛澤東的警告。

毛澤東去世後，鄧小平強力推行他一生的夢想——實用主義路線。一九七六年文化大革命結束，鄧小平以中國最高掌權者的身分處理內政，包含決定改革開放、指揮英國就香港回

45　編按：並非泛指任何國家進入社會主義都會經歷的起始階段，而是特指中國生產力落後、商品經濟不發達條件下建設社會主義必然經歷的特定階段。

歸問題展開協商、一九八九年決定強制鎮壓「六四天安門事件」、一九九二年果斷實行「南方談話[46]」，突破中國內憂外患危機……。

他準確看穿中國國家意識在改革開放後面臨到的危機，並指出該前進的方向，從這一點來看，他履行了作為最高領導人的職責。

一國兩制結束了嗎？

中國和英國在《中英聯合聲明》中表明：「香港的『現行』制度將維持五十年不變。」問題是，聲明中並沒有點出明確的時間點。現行是指何時？是以什麼為標準？是由誰決定？另一個大問題是「一國」和「兩制」的比重和優先順位。正如前面提過，在中國與香港的體制下，英國（香港）犯的最大錯誤就是沒有詳細規定兩者的順位與關係。之後只能繼續展開無謂爭論，就像歷史陳述一樣，最終解釋權自然會落到拳頭硬的人身上。

中國政府理所當然的認為一個國家更重要，而英國（香港）更看重兩種制度。中國政府覺得國家很重要，香港則要求尊重地區認同感。這時，究竟何者重要？[47]

從香港傳來的灰暗新聞接連不斷。二〇二一年六月底，香港警方表示，自《香港國安法》實施以來，一年內共逮捕了一百一十七人。周遭朋友紛紛問我：「一國兩制已經結束了嗎？」、「以後香港完蛋了嗎？」

中國是否打破在五十年內保障香港認同感的承諾？在中國實行社會主義、在香港實行資本主義的承諾，走入歷史了嗎？代表香港意識的自由和法治消失了嗎？

凡事都取決於觀看者的視角和立場。對於一國兩制，大致分成三種看法，有人認為已經完全終結，有人認為依然有效，而另一種人覺得，雖然維持著大框架（像至今為止那樣），但一國和兩制的優先順序時刻都在變化。

看到香港社會的眾多民主人士被捕，我感覺一國兩制已完全走入歷史，但中國政府依然反覆宣傳此制度的有效性。對於香港，臺灣社會應該比任何人都震驚。因為當初一國兩制就是針對臺灣所定，所以臺灣也高度關注此制度會如何在香港實行、扎根。

隨著一國兩制的現況越加惡化，主張「臺灣與中國是兩個完全獨立國家」的獨立派聲量，正在迅速擴大，中國方面也繃緊神經，用他們的方式密切關注著臺灣認同感的變化。隨著臺灣意識的改變，往後中國政府將不排除進一步以戰爭脅迫。雖然國家認同是透過他者刺激而產生，但它也會反過來刺激他者。換言之，**除非今後臺灣社會採取獨立等行動，加強自身意識，否則中國政府沒有理由不先發制人。**

46　編按：又稱鄧小平南巡、九二南巡，當時已經卸任黨內外一切職務的鄧小平，在中國南方的深圳、珠海、廣州、上海等地所做的巡視以及講話，重申與改革開放相關的鄧小平理論，並期許廣東能按其「生產力為基礎的發展觀」發展經濟，並在二十年內追上亞洲四小龍。

47　作者按：相關內容請參照拙作《作為方法的「中國—香港體制」》。

《香港基本法》，保持五十年不變

在一九八四年《中英聯合聲明》中，宣布香港將於一九九七年回歸中國，此後便要以香港憲法來取代英國的《王室訓令[48]》等法律，也就是說，必須制定香港的標準。一九八五年，相當於中國國會等級的全國人民代表大會（簡稱全國人大）組織了「香港基本法起草委員會」，由他們來制定香港憲法，一九九〇年四月四日正式頒布《香港基本法》。

《香港基本法》的主要內容是，維持香港一直以來的資本主義制度和生活方式，且保持五十年不變，港人同時享有高度自治權。這代表中國承認香港意識，並予以保障。人民最害怕認同感被剝奪，而該法牢牢抓住香港人的心。

其中，還規定中國和香港特別行政區的關係，中國政府負責外交與國防，駐紮軍隊在香港、任命香港的行政長官……《香港基本法》的解釋和修改權限全然掌握在全國人大的手中。要說此權限有多大、有多重要，可從之後中國與香港的認同感矛盾中窺其全貌。

我非常肯定一國兩制或一國多制。身為研究國家認同的人，我覺得這應該是終極目標，也就是說，一個國家也可以實行多種制度。所有國家都為了維持一國一制的框架付出巨大代

48 編按：英屬香港時期的重要憲制性法律文件，提供香港行政局及立法局運作的具體細則安排，訂明立法程序，並進一步明確指出及規範香港總督的權力。

▲ 通往香港書店「序言書室」的電梯內部，依然貼著與示威相關的口號貼紙，例如「我更大聲」、「我哋真係好撚鍾意香港」（我真的好愛香港）。

價，但一國兩制最終將能以多種地方自治的形式實現，往後也會受到更多關注。若要說有什麼方法能解決日益加劇的社會紛爭，應該沒有比此更高明的了。

當然，地方政府也需要堅定支持中央，而中央政府要確保地方政府的認同。我認為，不僅是南北韓統一，南韓內部的權力結構最終也得走向一國兩制或一國多制，因為國家是多種認同感的集合體，這將會是一個比現在的美國（每個州都有略微不同的法律體系），或實行地方自治制度的韓國，還要更進步。

香港人被理想口號吸引，認為這些是認定和保護香港與當地人的承諾，便覺得好像可以繼續在這裡生活。同時，中國政府也使盡全力透過所有媒體反覆宣傳，現在回想起來，似乎都是共產黨的統戰話術。

第十一章

六四事件，再無人悼念

三十二年來集體記憶中的活動，如今只能喊停。向政府傳達遺憾，也成了違法行為。網路上很多人呼籲穿黑色衣服，香港朋友則把臉書個人頭像設定為黑色。

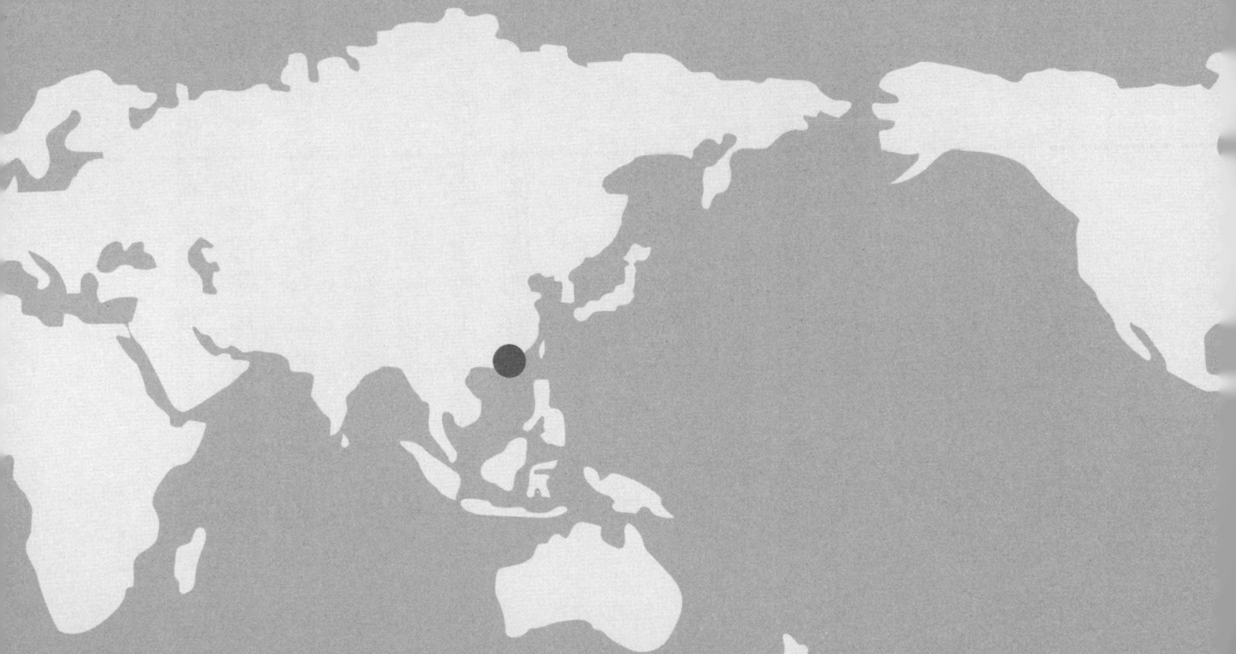

學習歷史會發現，它就像我們的人生，沒有永遠的和平，也沒有永遠的戰爭。政治人物或各種組織領導人演講時，一定不會忘記說「希望世界和平」，但我都會在心裡自言自語道：「絕對沒有那樣的事。」一九八五年，香港歷史上首次發生立法局的部分席次不是由香港總督指定，而是透過間接選舉產生。

一九八九年，在中國首都北京天安門廣場發生一件大事。天安門是明、清皇帝居住的地方，也是紫禁城的正門，另一面則是地安門，分別代表希望天地平安。事實上，現在的天安門廣場也是故宮的一部分。一九四九年中華人民共和國成立後，許多皇城都被拆除，不，正確來說，應該是整個北京都被拆毀。

然而，都市開發勢在必行，北京市就這樣遭受破壞，傳統也隨著建築物一併消失。據說，目前保留在北京的傳統房屋——四合院，只有原來的十分之一，即一萬棟左右。

天安門廣場是中國民主化的聖地，較早是一九一九年的五四運動，距離現在比較近的則是一九七六年的四五運動，和一九八九年的六四天安門事件（學者們這樣稱呼，但中國政府稱之為政治風波）。在五四運動發生的一百年後，看著天安門廣場，會同時浮現當時的「民主和科學」，以及最近中國的政治現實。

雖然很多人說，要從五四運動等歷史中學習，但人們真的有這樣的意志嗎？從後續來看，似乎只流於口號，並非真正想得到教訓。

一九七六年一月八日，在病榻上也無法放下國家事務的周恩來去世。與被評價為完人的仁慈面貌相反，他其實是位「劊子手」，是會肆意報復、殺人的冷血共產主義者。從三月底開始，群眾為了哀悼這位被尊稱為「永遠的總理」的人，紛紛聚集到天安門廣場。民眾在人民英雄紀念碑獻上花圈、朗誦獻詞、批判文化大革命、張貼批判四人幫[49]的大字報。

筆者認為，當年的抗爭是人民在發洩對社會主義三十年和文化大革命累積的不滿。四月五日，當局在凌晨逮捕抗議民眾並掃蕩廣場，群眾因拒捕而演變成暴動。當時，掌權的四人幫以軍隊鎮壓流血示威。據非官方統計，死傷人數達到三千人。時任副主席兼副總理的鄧小平被指為幕後主使者，因而下臺。

天安門廣場再次受到國內外的關注是在一九八九年春天。該年四月十五日，中國共產黨前任總書記胡耀邦逝世。他曾是中國共產黨最高負責人，以閃電般的速度清算文化大革命的餘黨，促進黨內民主化，卻因消極應對學生示威被肅清，並於兩年後身亡。

這時，中國的改革開放已超過十年。均等勞動和均等分配的理想早已消失，整個國家都為錢瘋狂，陷入貧者越貧、富者越富的泥淖中。此時，緬懷胡耀邦為民主化努力的知識分子和學生們，挺身而出要求社會正義和民主化，並占領天安門廣場進行抗議。從五月十三日起，他們持續絕食、靜坐示威。

蘇聯的戈巴契夫（Gorbachov）於五月十五日正式訪中，但由於十七日有一百萬人在天

49 作者按：指以毛澤東的夫人江青為首的四位領導人，在文化大革命時期是一個集權的政治團體。

安門前抗議，打亂他的行程。政府將學生示威定調為「騷動」，並宣布北京市戒嚴。中國共產黨傾全力應對，也是在那時，電視臺播出保守派領導人暨國務院總理李鵬會見學生代表時，批評他們的場面。中國思想家李澤厚也直接要求學生們當場解散，理由是他們可能會導致中國退步。

當時，中國共產黨最高領導人趙紫陽總書記也跑到天安門廣場，拿著麥克風、流著眼淚呼籲：「你們的想法我們已經聽到了，現在所有的事情就交給黨和政府，回到學校吧！」

無論何時、何地，政府和帶頭抗爭者都會陷入國家認同和實際利益的拉扯，也就是理想和現實的交戰中。雙方都在各自的意識上占上風，眼下無可避免發生衝突。

縱觀歷史，當國家認同和利益起衝突時，後者很少獲勝。這時，中國共產黨最高權力者鄧小平的苦惱也逐漸加深。

六月四日，人民軍不顧溫和派勸阻，下令向抗議隊伍開火。根據中國政府公布的數據有三百多人（非官方統計為兩萬人）犧牲，這是鄧小平晚年留下汙點的大事件。

一九七六年的四五運動已在中國正式平反，但一九八九年的六四天安門事件仍是禁忌。每年鄰近六月四日時，天安門廣場上的每個角落，都會聚集比遊客還多的便衣警察。由此可見，他們總是在防備此地再次發生示威。

六四事件，再度強化認同感

天安門廣場的抗爭行動開始後，香港也開始聲援北京學生。五月二十日北京宣布戒嚴，隔天，一百萬人在維多利亞公園舉行支持天安門的集會，並創立「香港市民支援愛國民主運動聯合會」（Hong Kong Alliance in Support of Patriotic Democratic Movements of China，簡稱支聯會）。一九九〇年，成立民主黨的前身「香港民主同盟」（United Democrats of Hong Kong，簡稱港同盟），延續香港民主化。後來，香港民主同盟改為民主黨。

香港人迫切希望電視畫面上看到的（坦克車接連駛來、槍林彈雨、傷亡慘重）場面只是一場夢，因為再過七、八年，他們也即將回歸中國。一想到在北京發生的恐怖事件隨時都有可能在香港發生，便不禁令人渾身顫抖。

香港人為北京抗議群眾號召捐血活動。中資銀行發生擠兌事件，立法局和行政局的議員們紛紛跑到英國，要求當地政府給予香港市民英國永久居留權，結果五萬五千名中產階級，包含專業人士和公務員在內，都得到此權利。

繼文化大革命之後，港人的心又完全脫離中國，香港的身分認同感再次得到強化。在香港，中國共產黨一詞變成禁忌。你們中國——獨裁、殘酷、野蠻，我們香港——民主、人道、文明，這種二分法逐漸深植在當地人的腦中。正如前面所述，集體記憶中一定會出現他者。他者化可以是討厭、對立、選邊站，無法和我共存。

一位青年在題為「愛國鴨做愛國事」的文章中寫道：

即使鴨知道自己或自己的子女最高的存在意義是當一隻燒鴨，但牠並不會因此而放棄交配。同樣，我們未必能在有生之年為六四平反，但也不會遺忘承傳這個理念下去的責任。[50]

豈止是鴨子，人類在必死的命運面前，也會繼續繁衍。「不要忘記歷史，將精神傳承下去。」這究竟是身分認同，還是現實利益？抑或是能否從身分認同轉化為實際利益？而這種力量是動力，還是壓力？也許，香港人對天安門廣場流血鎮壓的集體記憶，是構成其首要意識。無論是時間還是規模，這件事都帶來巨大的衝擊。同時也再次印證並加深在香港人的基因中，有很大一部分是源於對共產黨的原始恐懼。

香港人就此陷入恐慌，股價指數和房地產價格暴跌。光是六四天安門事件爆發的這一年，就有四萬人離開香港，隔年，即一九九〇年，則有六萬五千人（百分之一的香港人口）出走。香港的身分認同正再次面臨轉換和重組。

南巡講話，淡化港人對中共的憤怒

中國在一九八九年以武力鎮壓六四天安門事件後，從此在國際上完全陷入困境。在共產黨內部，質疑改革開放的保守派占了上風。鄧小平既不安又焦躁，最後在一九九二年春節前後，他拖著九十歲的高齡果斷「南巡」。

一九九二年一月，當時我正在做的兼職是翻譯，和摘錄香港主要報紙和雜誌的內容。有一天，鄧小平的照片突然開始出現在各大報紙上。起初只是以「關鍵人士」的匿名形式簡短出現，但過了兩、三天後，便以實名占據版面。他是當時中國最有權勢的人，一舉一動都成了新聞。

他在兩週內接連拜訪廣州、象徵改革開放的深圳和珠海，並高喊「不管黑貓白貓，能抓到老鼠就是好貓」、「基本路線要管一百年，動搖不得」。鄧小平進行完南方談話後，中國改革開放的氣勢銳不可當。他透過南巡，大幅淡化香港人對中國共產黨的憤怒和懷疑，離不開香港的人選擇相信他。

在這種局勢下，一九九二年七月，英國政壇重量級政治人物彭定康赴任香港最後一任總督，他事先未與中國協商便發表香港的民主化方案，此舉引來中國政府強烈反彈。現在，英國最後的殺手鐧只剩下為港人注入民主。

一九九二年十月，彭定康總督在《施政報告》（Policy address）發表民主化方案：

50 同前註29。

- 將選民的投票年齡從二十一歲下修至十八歲。
- 為了利於民主派發展，將直接選舉區制的投票方式從兩席兩票制改為一席一票制。
- 變更功能組別[51]的選舉方法，除原先的二十一個之外，另設九個功能組別議席，賦予兩百七十萬名商會或行業員工選舉權。
- 區議員全部改為直選。
- 取消行政主導的兼任制（立法委員兼任行政委員），加強立法局主導的代議政治。

選民年齡必然會左右保守黨和進步黨的得票數。引進直選制度、擴大選民人數、擴大直選範圍……彭定康為民主化做了力所能及的措施。此後，中、英相互展開宣傳戰，中國斥責英國為千古罪人，英國則譴責中國野蠻、邪惡，這是國家認同發生衝突的另一個場面。

拆國殤之柱，刪六四記憶

人文學者李歐梵曾說過：「沒有記憶的城市不可能有文化。」一九九七年，香港大學內有一件雕塑作品「國殤之柱」（Pillar of Shame），又被稱為「恥辱柱」，高度達八公尺，描繪當時天安門事件五十名犧牲者的痛苦神情。這是丹麥雕塑家高志活（Jens Galschiøt）為了提醒人們，勿忘六四事件而做。

二〇二一年十月，校方擔心違反《香港國安法》，先是要求學生會拆除作品，而後強行拆離。

無論是香港或當地學校，都正在徹底刪除集體記憶，有些只屬於家人或同鄉，有些則屬於國家和民族。根據擁有共同記憶的單位，分為家人、同鄉、國人、民族，當然，也會有很多種定義和解釋。

《香港國安法》於二〇二〇年六月生效後，當局正在清除香港人的集體記憶。該法生效屆滿一年時，甚至制定出侮辱國家和國會就會受罰的法案。如果故意褻瀆或損毀中國國旗和香港區旗，將被處以三年有期徒刑和五萬港幣的罰款。

那一年來，違反《香港國安法》的舉報件數超過十萬，這也意味著當局正成功推動意識型態轉換，這與「雨傘運動[52]」（Umbrella Movement）等一百萬人走上街頭要求民主化的記憶截然不同。

然而，這也證明國家認同感的組成並不單純。表面上大家看似都同意民主化示威，但暗地裡卻不這麼想。二〇二一年六月二十六日，香港泛民主派在野黨新民主同盟（Neo

51 編按：一九九七年後，改成「功能界別」（Functional constituency），意思是位於香港內代表指定的商會或行業，在選舉中擁有特別投票權的類別。
52 編按：又稱雨傘革命（Umbrella Revolution），是指二〇一四年九月二十六日至十二月十五日在香港發生的一系列爭取真普選的公民抗命運動。

Democrats，簡稱新同盟）主動解散，原因是過去兩年多來，香港的政治環境大幅惡化。該黨的政治人物屢遭拘留或退黨，無法承受日益加重的壓力。

二〇二一年是六四天安門事件屆滿三十二週年。繼二〇二〇年之後，該年也沒能在維多利亞公園舉行六四紀念活動。多年來集體記憶中的活動，如今只能喊停。向政府傳達遺憾，也成了違法行為。網路上很多人呼籲穿黑色衣服，香港朋友則把臉書個人頭像設定為黑色。

二〇二一年八月十一日，教育專業人員協會（Professional Teachers' Union，簡稱教協）主動解散，其所屬職員有九萬五千人，是單一工會中

▲ 在香港書店發現的民主化示威照片集，主要刻畫示威的負面形象。

規模最大的。教師工會也被當局定調為政治團體，還被中國媒體指責為毒瘤。

二〇二一年八月二十四日，政府發布跟電影審查有關的《二〇二一年電影檢查（修訂）條例草案》，內容是禁止播映威脅國家安全的電影。二〇二一年九月二十五日，支聯會自行宣布解散，他們三十多年來主辦紀念六四事件的活動，並希望能得到正面評價。支聯會前主席李卓人在獄中透過書信說道：

- 相信香港市民會以個人或其他形式，像以前一樣緬懷「六四」。
- 任何政治權力都無法奪走人民的記憶和意識。
- 支聯會的理念會留在每一個港人的心中。

不僅是支聯會，從二〇二一年一月到九月，香港職工會聯盟、教協等四十九個民間組織紛紛解散。在二〇〇三年反對《香港基本法》第二十三條施行的抗議活動時，好不容易形成的香港市民社會，卻一下子崩塌。能傳承集體記憶的主體正逐漸消失，香港認同感也正在徹底重新洗牌。

第十二章

當年，六成港人期待回歸，現在呢？

一九九七年初，大部分香港人都非常樂見回歸。六成以上的人對香港未來抱持肯定，只有六％的人持悲觀想法。

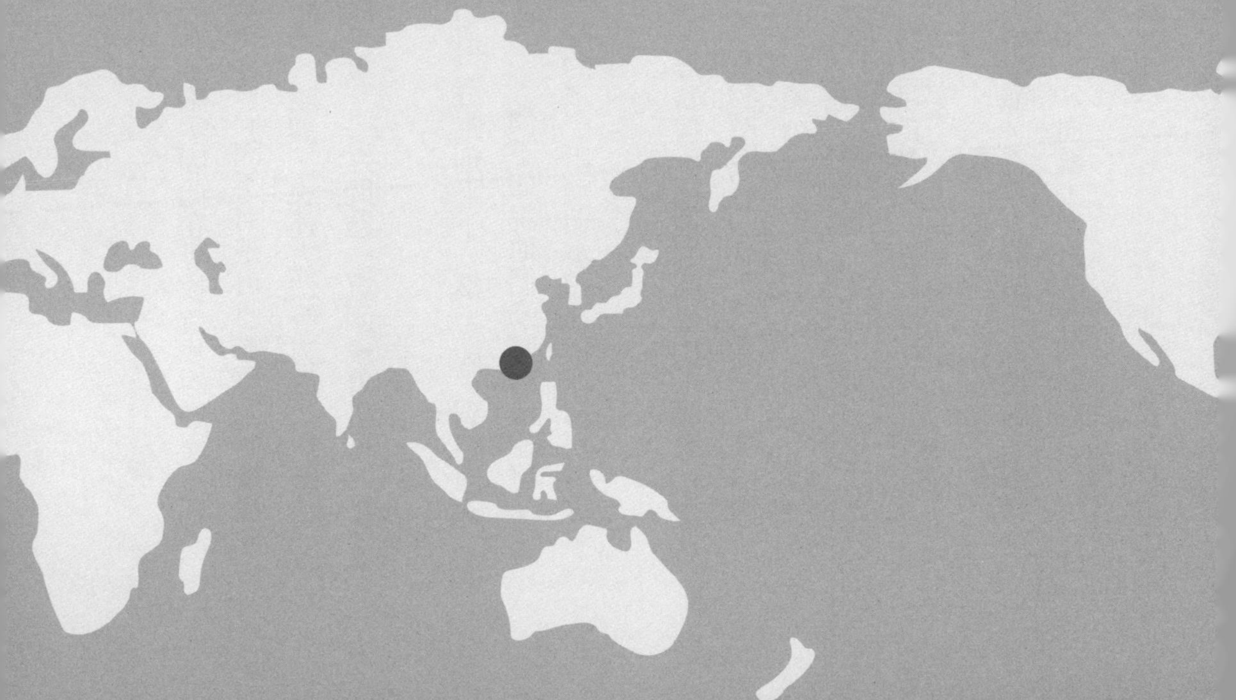

青春期之所以痛苦，是由於不了解、想知道自己到底是誰，因此在尋找自我的過程中感到苦惱和彷徨。很多人說，香港就是正值青春期的少年，他們因不清楚自己的認同而備感煎熬。臺灣思想家陳光興說，被殖民者在學習強者的語言、語調、表達方法等方面，比統治者更加複雜。「我是誰？我是站在中國這邊，還是英國那邊？」這問題一直困擾著香港（中國）人。

青春期另一個難處是，自我風格得不到認定。明明自己就跟別人不一樣，卻受到相同的待遇，因而感到鬱悶。與其說香港（中國）人不了解自己，倒不如說他們沒有獲得認可。我與別人明明就不同，卻得不到認定，沒有比這個更心酸的了。中國和英國都不理解我（香港），也不覺得我和他們不同。

人們初次見面時會想了解對方的身分、住在哪裡、故鄉為何、就讀哪間學校、從事什麼職業等，然後會為了尋找彼此的共同點而努力。因為擁有相同的認同感，代表容易理解彼此，相處起來也更自在。

我們偶爾會問對方的故鄉在哪，故鄉是指出生、成長，以及歷代祖先生活的地方。上述幾點將決定大部分認同感，其中最重要的是，祖先們世代生活的地方。基因受環境支配，而決定自己基因的正是先祖，其次才是成長環境。

中國人住在中國，香港人住在香港；中國人具有中國意識，香港人具有香港意識，各有差異。雙方之所以不一樣，是由於環境不同。即使在文化上、血統上都是廣義的中國人，但經過幾個世代的發展後，各自在完全不同的環境中成長。

香港回歸後，中國政府對其採取雙重態度，更將它視為一個被殖民化的他者。中國批評香港人是英國殖民地的奴隸，並試圖分化香港的身分認同。國家與民族意識型態會最先被提及，這是中國政府和中國共產黨為了削弱香港認同感所使用的最具代表性手段。

政治學家薩謬爾．杭亭頓（Samuel Huntington）指出，天安門事件發生後，中國政府積極包容中國民族主義，作為新的合法性來源。也許民族主義是中國政府在一九四九年建國以來，可以選擇的唯一出路，因為它是最具代表性、最基本、最有效的意識，尤其香港社會已陷入恐懼，能夠當作號召的就是血濃於水的民族認同感。

強納森．海德特（Jonathan Haidt）說，西方人的自我比東方人更獨立、更自律，在了解這個前提之後，若請雙方各自寫下「我是什麼？」的句子，美國人會列舉「幸福、外向」等內在心理狀態，而東方人則會寫下「兒子、丈夫」等自己所扮演的角色。

如果拿這個問題去問中國人和香港人會有什麼答案？面對同樣問題，前者傾向於「我是國民」或「我是漢人」等意識型態上的身分，實際上，這樣的調查結果也占多數。至於後者，則是高度強調「我是市民」或「我是個人」等獨立身分。

人在與相似的人相處時，自然會感到舒適；跟不同的人相處時則反之。問題在於雙方能否認定彼此的差異，尤其是多數（強者）能否認可少數（弱者）。首先，我想說一下少數「香港人」和多數「中國人」有哪裡不同。為了便於各位理解，下列將舉出我持續關注的實例說明。

最後活著的英國人

有句話說，只要曾在香港住超過六個月，就一定會再回去，這是因為這裡具有有形與無形的自由。

我想用「匿名、隨心所欲、不用看任何人的臉色、想說什麼就說什麼、想看什麼就看什麼、想吃什麼就吃什麼」等詞語來形容，香港曾是保障人類基本自由的社會。雖然現在是吊車尾，但其言論自由度曾位居世界首位。言論自由代表香港的自由。在發言之前，根本不需要自我審查，更無須顧及能否說出這句話。

香港也曾經擁有政治自由。我第一次抵達香港時，映入眼簾的就是九龍半島路邊公寓懸掛的國旗。就像舊金山獨棟住宅到處都看得到彩虹旗一樣，那邊的公寓裡也掛著臺灣的青天白日旗和中國的五星旗。

後來才知道，有的是普通家庭，有的是同鄉會，有的則是親臺或親中協會的辦公室。大家不會干涉或強迫對方的政治傾向，你走你的路，我過我的橋。有很多在世界各地活躍的華人學者，退休後大都會去香港，它具有中國文化，卻像西方社會般自由、合理。對於中國人而言，特別是接受過西方教育的人，沒有比香港更舒服的空間了。

如果要舉例說明，我想先提到過馬路。雖然香港以法律和制度為傲，但當雙向車道都沒有來車時，行人是可以在紅燈時通通過。我從未看到當地汽車闖紅燈，但行人可以。如果四處都沒有車，就不必傻傻的等燈號轉綠，任何人都不會投以異樣的眼光。

還記得我獲得學位剛回韓國時，有一次因擅闖馬路被罰。我雖注意到旁邊有警察，但由於兩邊都沒有來車，所以就理直氣壯的穿越馬路。或許在一旁的警察覺得自己的權威遭藐視，露出一臉無法理解的表情開我罰單。我辯稱是看到兩邊都沒車才過的，但最終還是收到了罰單。

另外，行人在電扶梯上下步行是很正常的事，還有一段時期，這舉動被當成一種行人美德。韓國是近來才開始有這種趨勢，但在香港，大家已經習慣在手扶梯的左側或右側走動，想要站著不動的人則可以選擇另一邊。從香港的角度來看，禁止在電扶梯上移動，也是一種壓迫。

香港最大的優點就是遵守原則，不，應該說曾是那樣。隨著年紀越來越大，我時常覺得準則很重要。我想說的是，不要制定不能遵守的原則，同時整體社會要絕對遵照已訂定的規則行動。在講述香港故事時，我經常在課堂上跟學生聊兩個話題，其一是計程車，其二是汽車隔熱紙。

香港跟韓國一樣，有專門搭計程車的地方。在畫有黃線或雙黃線之處，所有車輛都不能臨停，這是為了維持交通順暢所制定的規定。在香港生活時，我沒有看過計程車違規臨停。

汽車隔熱紙也是如此。基於駕駛安全和預防犯罪的考量，各國嚴格規定車窗玻璃的隔熱紙透光率，因為這有可能妨礙駕駛，而且若透光率太低，從外面看不到汽車內部，非常不利於防制犯罪，另一個目的是，讓後方的車可以透過前車的玻璃窗，提前掌握交通狀況。

如果違反這條法律，日本會拘留施作業者，荷蘭還會沒收車輛，英國則是如果貼有隔熱紙的車輛發生意外，將不支付保險金。而香港當然也適用與英國相同的法律，因此我在香港時，連一輛貼有隔熱紙的汽車都沒看過。另外，韓國也有規定，聽說前擋風玻璃的透光率要超過七〇％，前側窗玻璃則要超過四〇％，但大部分的車子都貼著厚厚一層隔熱紙，故而看不到車子內部。

學者們經常以「有原則的香港」為主題進行討論。在中國人統治的國家，原則即法制，並沒有像香港那樣徹底被遵守，這是由於受過英國人統治才會形成這樣的社會。道路交通相關法律和適用範圍看似很小，卻是分析整體社會時非常重要的標準。

香港有原則和自由，而港人的基因是在合理、開放的環境下長成，最重要的是，那曾是一個尊重個人想法、選擇和喜好的社會。

曾在印度為英國殖民時負責教育的馬爾科姆．蒙格瑞奇（Malcolm Muggeridge）曾說：「印度人是最後活著的英國人。」我想說的是，香港人才是最後活著的英國人。與其說香港人是中國人，不如說更接近英國人。

二十一世紀紅衛兵，反映中國現行意識型態

想跟中國人說話，就要有相當大的耐心，因為他們是在社會主義環境下成長的人。中華人民共和國雖然在改革開放後接受很多資本主義的要素，但仍追求中國特色社會主義，而且中國共產黨一直都是以一黨專政的方式在領導國家。

很多中國人一開口就提到祖國、愛國、人民、習近平等，特別是被稱為「二十一世紀紅衛兵」的中國青少年的反應，他們總是一味讚揚中國，卻不分青紅皂白批評外國。

二〇一八年，美國政府開始對中國最大通信設備公司「華為」（HUAWEI）發動攻勢，隔年五月將其列入貿易制裁對象的名單中。如果美國公司要跟華為交易，就必須得到政府許可，這當然打擊到華為的智慧型手機產業。另一個原因是，通訊技術的發展不僅僅是經濟層面，還關係到國安層面。

二〇二一年九月底，要從加拿大返回中國的華為集團副董事長孟晚舟也在劫難逃。她因中美貿易衝突被捕，在被軟禁兩年九個月後，才乘坐中國政府派來的包機返國，其回國過程掀起一波愛國主義熱潮。聽說，當時中國有一億人透過各種媒體平臺觀看「英雄」歸來。她的回國聲明，也如實反映中國現行的意識型態：

- 五星旗所在的地方，就是信念的燈塔。

• 作為一名普通的中國公民，在他鄉的三年，時刻感受到黨、祖國和人民的關懷。
• 國家主席習近平關心一介國民的安危，令我深受感動。
• 祖國是我們最強大的盾牌。

中國人的大腦從小就接觸關於國家和民族的高談闊論。電影、電視劇主題大都也是為了喚起愛國心的「主旋律」。

一九八九年中華人民共和國建國四十週年時上映的《開國大典》是第一部主旋律電影，二〇〇九年建國六十週年推出的《建國大業》，也在商業上取得巨大成功。近來，中國政府以經濟實力和軍事力量展開的攻擊性外交「戰狼外交」，該詞彙同樣源於二〇一五年起推出的主旋律電影系列名稱。

想當然耳，在二〇二一年中國共產黨建黨一百週年時，推出的主旋律電影和電視劇層出不窮，像是《一九二一》、《革命者》、《中國醫生》等。以韓戰為背景的《長津湖》是中國影史上製作費最高（十三億人民幣）和投入人數最多（一萬兩千名）的愛國主義電影，也於當年的九月三十日上映。據說，有很多觀眾哭著走出戲院。

這些電影一致描寫由於清朝無能，導致中國受到外國勢力的羞辱；國民黨的腐敗，使共產黨獲勝；心懷民族尊嚴的共產黨，流下鮮血在抗日戰爭中獲勝……中國共產黨正在利用歷史，來為自己和現在的中華人民共和國塗脂抹粉。簡言之，中國之所以成為今天的世界強國，全靠中國共產黨的功勞。

鄧小平曾把清末實際掌權的人物、負責與外國協商的李鴻章稱為賣國賊，並警告說：「如果不能收回香港，我們有可能再次成為李鴻章。」這是將史實或歷史人物簡化後，用於政治操作的典型範例。

李鴻章不是那麼簡單的人物，他或許是救國英雄也說不定，因為當時外國列強都想找他談。雖然可能是因他大權在握，但真正原因是，他才是那個唯一能解決問題的人，這正是歷史人物的兩面評價。

在社會主義中，藝術具有明確的目標，同時也會成為社會主義革命的手段，即「藝術政治化」。

換句話說，必須打動人心，鼓勵人民共同參與社會主義事業，故而比起理性，更應該訴諸於感性，只有這樣，才能更容易打動人心。

在社會主義的藝術中，浪漫占了較大的比重，即「革命加浪漫」的故事情節。例如，大部分的故事都是男朋友（兒子）在革命活動中死於敵人的槍口下，因此女朋友（母親）為了報仇，也決定投身其中。

打動觀眾最好的辦法就是刺激他們的淚腺。在這種情況下，需要誇張的情感表達。如果故事情節複雜、事件進展太有邏輯、主角非常理性……那麼渲染效果將會大打折扣。為了突顯煽情的橋段，作品難免會變得很幼稚，中國很多電視劇或電影真的令我們看不下去、起雞皮疙瘩、相當肉麻等，就像所謂的日本新派劇[53]。

如果從小便接觸這類故事情節，問題將非常嚴重。南北韓雖同為人類且是同民族，但經常無法理解對方，因為彼此是在不同的環境中成長。為了幫助讀者理解其不同之處，在此回顧一下過去北韓啦啦隊的突發事件。

二〇〇三年八月南韓大邱舉行世界大學生運動會，北韓派出三百零三人的美女啦啦隊，一眼就能看出她們是外表出眾的大學生。在社會主義社會中，美女會在藝術領域受到重用，而藝術則是要回歸社會主義上。

她們開口閉口都在談統一，就像是為宣揚大一統而派出的宣教團，當看到不了解統一重要性的南韓民眾時，便顯露出憐憫和惋惜的表情。

後來，承載啦啦隊的巴士從醴泉（位於韓國慶尚北道西北部）回北韓的途中突然停下，一夥人下車後，紛紛跑向一個上面印有金正日委員長和金大中總統握手照片的歡迎橫幅。當時外面正下著濛濛細雨，她們抗議說，怎麼能把將軍的照片掛在這種地方，於是摘下橫幅後，將其「請」到車裡，其中還有人淚眼汪汪。

北韓人的大腦結構之所以會變得如此，可以說是由於他們受到的集中式教育所致。在這些人當中，也能看到有人衝鋒陷陣或做出極端行為。如果在左派世界中成長，應該更容易被煽動。總之，如果以社會主義國家——中國——的視角看待香港，它就是個很可憐的地方，不懂國家和民族。抱持這種觀點的人，正準備接管香港。

解放香港，消除貧富差距

一九九七年七月一日零時，中、英兩國在灣仔會議展覽中心舉行主權移交儀式。從六月三十日晚上八時起，有四千多人在煙火中一起共進晚餐，到了九點，五千名中國人民解放軍開始越過中國與香港的邊界。英國代表團成員包括查爾斯王儲、前任英國首相東尼・布萊爾（Sir Anthony Charles Lynton Blair）、外交大臣等，由查爾斯王子首先發表演說，其重點整理如下：

- 香港以奮鬥和穩定精神創造令全世界羨慕的經濟成就，也證明東西方能共存共榮。
- 一九八四年的《中英聯合聲明》是對世界的嚴正承諾，保證香港的生活方式不變，而英國將全力支持該聲明。
- 我們不會忘記你們，並將以最親切的目光注視著你們進入非凡的歷史新紀元。

英國強調香港之所以會有今天的成就，都是自己的功勞。同時為了提醒中國，再次提及聯合聲明的精神。中國代表團成員包括國家主席江澤民、國務院總理李鵬和外交部長等，同

53　編按：一種日本傳統藝能，多以寫實手法表現現實生活。

一時間，在北京天安門廣場，與十萬名受邀群眾透過轉播畫面一起觀看。下列統整有關江澤民主席發表的演講內容：

- 一九九七年七月一日的今天，是歷史上永遠值得紀念的重大事件。
- 這一百年來，香港歷經千辛萬苦終於回歸祖國，等於是香港同胞成為這片土地的真正主人，香港發展也將由此進入新的階段。
- 中國政府將毫不動搖的執行一國兩制方針。

中國政府明確指出，這是「回歸」，即保障香港（中國）人的回歸與一國兩制。不出所料，《人民日報》等中國各大報紙，都大肆宣傳「洗刷百年恥辱」和「終於回來了」。中國共產黨的邏輯是「解放」香港脫離境外勢力和內部壓迫，至於西藏、新疆、內蒙古等地也適用於同樣道理。由此可見，內部壓迫、解放、社會主義等，仍然是主體。

我期待他們乾脆提出「解放香港」脫離既得利益的觀點。中國若能揭示消除貧富差距的辦法，這才是能夠劃時代改變香港國家認同的有利方法。況且，這難道不也是向全世界宣告恢復主權正當性的捷徑嗎？

一九九七年七月一日，在中國恢復對香港行使主權的同時，中華人民共和國香港特別行政區就此誕生。香港特首根據《香港基本法》就任，其資格條件如下所述：

- 在外國無居留權的香港特別行政區永久性居民中的中國公民。
- 年滿四十週歲。
- 在香港連續居住滿二十年。
- 需經過選舉委員會若干名委員的推薦。

香港特首經港民選舉產生後，由（中華人民共和國）中央人民政府任命。與先前的總督相比，權力大幅縮減。另一方面，立法會擁有對其的彈劾權，這也與以前不同。從結果而論，比起港人治港，更應該關注香港人的選舉方法，換言之，「香港人」一詞便是在劃定國家認同。

香港人理所當然認為，在香港出生的就是港人，更進一步來說，就是那種會為當地人民服務的人。反之，中國政府想的卻完全不同，他們指派的人雖然生於香港，卻是優先考慮中國和中國利益的人。

港人治港的承諾，只是為了先讓港人安心而提出的感性口號。一九九七年七月一日，一位名叫吳嘉玲的女士偷渡到香港，她的父親雖是香港市民，但她並沒有居住權，於是正式提起訴訟。一九九九年一月，香港終審法院的最終判決是：「港人在中國所生的子女，均享有香港居住權。」這在當時社會引起一片譁然，據統計，十年內將會有一百六十七萬中國人來到香港。社會福利、住宅、教育、醫療……香港社會要承擔的負擔非常沉重。

因此，同年五月，香港政府不得不向全國人大提出釋憲。六月，全國人大常委會做出「只有持單程證（中國政府發行的港澳通行證）者，才擁有香港居住權」的解釋，故而能來香港的中國出生人口，一下子減少到二十七萬人。雖然這對香港社會而言是適當的判斷，但這也帶來新的問題。

本來一國兩制是承認《香港基本法》和其獨立，現在卻帶來致命性結果，等於是承認以後與香港有關的各種決定權，都歸中國政府所有。

一九九七年，六成港人期待回歸

很多人說香港滅亡了，他們說，由於主權回歸中國、《香港國安法》生效，所以覆滅。在這種情況下，「果真如此嗎？」的提問依然有效。凡事沒有永恆，只有變化，必須隨時順應改變，這就是我們的生活。根據意識型態的不同，有人接受、有人抵抗，有人則因無法接受不明確，所以選擇離開。

一九九七年初，大部分港人都非常樂見回歸。據統計，六成以上的人對香港未來抱持肯定，只有六%的人持悲觀想法。當時的各種調查結果皆顯示，民眾對香港政府和中國政府有非常高的期待，只不過這是一九八九年六四天安門事件發生之前的數據。

另一方面，仍有很多人擔心，回歸後會失去個人自由。因為大部分人是在中華人民共和國成立後，移入香港的難民，他們已多次被共產黨的謊言所欺騙，因此一邊再度移民。

一九九六年上映的電影《甜蜜蜜》講述懷抱「香港夢」，而從中國來到香港的男女愛情故事。男女主角為了適應這個高度競爭的資本主義社會拚命努力，而這正是港人的普遍寫照。最終，兩人因適應不良，決定前往美國紐約，此結局在面臨回歸的當地人心中留下深刻印象。

比起悲觀的心理預測，人們更傾向於期待樂觀的前景。相較於離開的人，不得不留下來的人勢必更多。生活在今天的人們，總是嚮往經濟上的益處，殊不知所有的新權力都會握著「胡蘿蔔[54]」而來，中國為了削弱強大的香港認同感，提出了各種美好的藍圖。

噤聲不安生，被迫選邊站

有段時間曾流行「後殖民主義」，簡言之，我們仍活在被強者操縱和殖民的時代。史碧華克（Gayatri Chakravorty Spivak）說，在去殖民化的新殖民世界，殖民主義依然支配著我們，只是換了主人。難道，香港的主人只是從英國換成中國嗎？

一九九七年前後，學術界盛行一種比較研究，就是拿香港與西藏、新疆與內蒙古比較，

54 編按：賞罰並進的一種兩手策略。

大都是多數與少數、國家與地區關係等去殖民的觀點。「比較」提供一個理性判斷的機會，將過去與現在、這裡與那裡並列。港人正在比較清朝和英國的統治、英國和日本的統理，再來是英國和中國的治理。

臺灣人同樣也經歷過無數次殖民統治，故而會比較荷蘭人和鄭成功、鄭成功和清朝、清朝和日本，最後則是日本與國民黨等人的統治。因此，臺灣人獲得追求現實的智慧，而非浪漫。但香港人在那時，尚未趕上臺灣人的腳步。

在回歸後的一九九七年十月，上映一部電影《情人盒子》，該部作品清楚描繪港人的處境。電影中的人物，有因對香港的愛恨情仇而感到矛盾的英國記者約翰；從中國來到香港，輾轉進入紅燈區，想忘記過去的薇薇安；與英國人談戀愛失敗後，對生存以外的事情不感興趣的珍……各自代表英國、香港，以及香港的另一個認同感。

王穎導演透過角色們的對話說，「香港是個誠實的妓女，現在就只是成了老鴇」、「英國對香港的影響力，不過是向中國這片浩瀚大海投入的一粒鹽罷了」。他準確預言即將到來的巨大後殖民主義敘事，今後香港也將迎來新型態的殖民時代。

當時，香港人是不是處於悲哀和憤怒交織的狀態下？在父母、老師或朋友不理解我、不認定我時，就是最孤獨、最悲傷的瞬間。得不到認可時，中國和香港都只是彼此的「異鄉人」。在卡繆（Albert Camus）的作品《異鄉人》（*L'Etranger*）中，主角沒有得到任何人的認定，他的精神世界被扭曲和否定，永遠被排斥在外。中國和香港也是如此，他們不認可彼此，也沒有被彼此認定。打從一開始，對方的國家認同感就不重要。

香港回歸後，不，在那之前便開始產生變化，也就是當香港、新加坡等記者在中國被逮捕、接受調查的新聞出現時。一九九五年，香港新聞界和學術界相繼傳出中國這隻「看不見的手」正在伸進來的說法。二〇一四年，《明報》的總編輯在光天化日之下遭到襲擊、身負重傷，差不多就是在那時，逐漸有對媒體人有形和無形的恐怖襲擊。批判中國的記者和教授們，也紛紛進行自我審查。

早在一九九七年四月，已頒布兩條新法律。其一是今後抗議前，必須取得警方許可，其二是香港團體與外國組織聯繫時，必須得到批准。中國一邊不讓廣告刊登在批評中國的報紙上，一邊解僱有影響力的媒體人士，甚至有中國資本家乾脆收購香港的媒體公司。

後來，《明報》改由馬來西亞華僑資本家持有，英文報紙《南華早報[55]》歸於中國阿里巴巴集團旗下，香港最大的電視臺「TVB[56]」則由中國資本家擁有。二〇二一年，中國官方企業掌握香港最大的衛星廣播「鳳凰衛視[57]」（Phoenix TV）的股權。

被評為世界上最優秀的香港公務員開始動搖。原本香港就是相信社會能公平、公正的運

55 編按：香港銷量最高的英語收費報紙。
56 編按：電視廣播有限公司（Television Broadcasts Limited），是香港一間商營電視臺。
57 編按：以全球華人為主要目標受眾的跨國傳媒機構。

行，所有過程也都會按照法律和規定，並以透明、妥當的方式執行。這原先是源於對公務員的公正評價，但現在此標準卻轉變為對國家的忠誠度。

二〇二一年六月，香港代表性的「反中」報紙《蘋果日報》停刊，原因是他們再也無法承受公司資產遭凍結，總編輯、高階主管遭逮捕等打壓。從幾年前開始，廣告資金就已中斷。在二〇二〇年六月《香港國安法》生效兩個月後，董事長因涉嫌勾結境外勢力被捕。該報停刊後，香港的新聞界迅速噤聲，而該報的記者們也已前往英國或臺灣。

香港記者協會（Hong Kong Journalists Association，簡稱記協）發表聲明，對白色恐怖籠罩新聞界一事表達抗議，並要求當局說明言論自由的界線。在無國界記者組織（Reporters sans frontières）於二〇二一年發表的新聞自由指數（Press Freedom Index）中，香港排第八十名，比二〇一三年（第五十八名）退步超過二十名。

香港本來有很多既不左也不右的人，「你是對的，我也是對的，那個人也是對的」，至少當時是這樣。社會內不明確的第三地帶，是非常重要的緩衝，其寬度體現社會的自由度，也保障市民的自由。

然而，不知從何時起，電影演員或歌手等知名人士會被問到：「你站在哪一方？」還會被要求表態「你支持抗議人士還是支持警察？」、「你支持中國還是支持香港？」如果不是對方期待的那一邊，就會被指責和脅迫，還會被抵制。現在在香港，若是表明自己的想法，甚至可能受到生命威脅。

從這點來看，這種變化可視為歷史的退步。認知科學家雨果・梅西耶（Hugo Mercier）和丹・斯珀伯（Dan Sperber）透過實驗得出以下結論：「磨練爭論技巧的人不是為了尋找真相。」也就是說，他們是在尋找支持自己見解的論證。強納森・海德特強調，這也是為什麼我們內在的驗證偏誤[58]（Confirmation bias）如此強烈又根深柢固。要求觀察與自己意見相反的證據，實際上是不可能的，而此偏誤並不是像除蟲一樣可以簡單消除。

哲學家麥金泰爾（Lee Mcintyre）更具體探討這點。他指出，雖然不是針對左派，但事實上有很多人相信地球是平的，所以比起理性判斷，更常仰賴情緒性的感受。

實際上，有個名為「地平說學會」（Flat Earth Society）的團體，在二〇一八年還舉辦六百多人的研討會。他們只收集支持自己主張的證據，絕不接受其他論證，故而被稱為「cherry picker」，意指只挑蛋糕上的櫻桃來吃的行為，這也是驗證偏誤的另一種表現。

看著中國與香港，我懷疑他們是不是也都罹患了驗證偏誤的重病？別說是去找與自己意見相反的證據，此兩者的想法絲毫沒有任何改變。

二〇二二年十一月，臺灣舉行地方選舉時，執政黨「民進黨」和在野黨「國民黨」全力爭取四成中間選民的選票。不止是臺灣，無論在韓國還是在美國，決定勝負的往往是中間區段，也就是第三空間。也許，選舉、政治、研究等都是圍繞於此展開的一場戰爭。然而，一

58 編按：個人選擇性回憶、蒐集有利細節、忽略不利或矛盾的資訊，來支持自己已有的想法或假設的趨勢。

▲ 香港（中國）人早上會拿著報紙，去港式茶餐廳悠閒的享受各式港點，這是象徵香港認同感的重要場面。

旦第三空間縮小後，會發生什麼現象？

二〇二一年中國和臺灣的關係惡化時，某位與中國富商結婚的臺灣女演員提出離婚，丈夫在中國代表性的社交平臺微信（WeChat）上表示，她在臺灣的家人沒能接種新冠疫苗，真是丟臉又粗俗。聽說他們夫妻倆之前就常因政治見解起口角，這就是中國和臺灣的差異，也是認同感衝突，更表示第三空間正在縮小。香港社會正在分裂，強迫大家選邊站，其力道與日俱增。

第十三章

誰成為香港真正的主人？

香港人無法自行選擇未來，在回歸之後，他們仍不能自行作主。之前是英國，如今則是中國，香港人從未當過自己的主人。

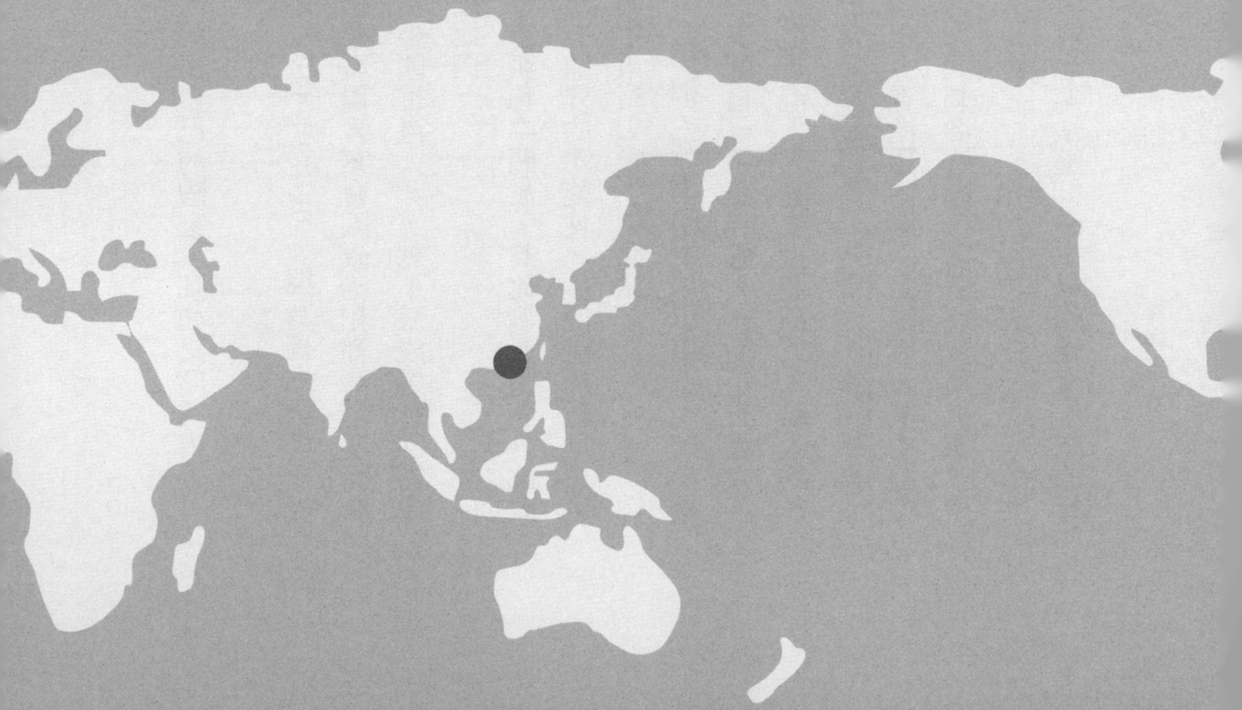

如果問各位是哪裡人，大部分人應該會毫不猶豫回答出自己的國家。那如果問香港人，他們會回答什麼？多數人會猶豫不決，不敢輕易答覆。

香港民意研究所（Hong Kong Public Opinion Research Institute，現為獨立機構）從一九九〇年代起，每年都會調查香港人的國家認同，結果發現答案會因政治和經濟情況而有所差異。三成民眾說香港人、四成民眾說香港中國人（中國香港人），剩下三成則會回答中國人。事實上，這也代表大多數人民的（政治）認同感比例。

差別就是大腦結構不同，各自代表的是保守派、進步派和中間派，其比例會隨著外部政治、經濟而持續變動。保守派或進步派的認同感幾乎沒有改變的可能性，中間派的認同感則對外部衝擊非常敏感。因此，所有政黨都絞盡腦汁、制定策略去吸引中間派。

早在一九九六年一月和五月，即距離香港回歸的一年前，調查結果便道出港人的危機感。五分之一的受訪者表示無法相信中國人，四分之三表明自己不是中國人，而是香港人。在抗議熱潮盛行的二〇一九年十二月，最多人回答自己是香港人，其次是亞洲人、華人的一分子、世界公民、中國人……。不幸的是，中國政府非常希望聽到的「中國」，慘遭墊底。

如果不從外部攻擊或刺激，特定的意識就無法被強化。香港認同感在回歸後，被中國打擊而持續強化，尤其是習近平就任後，他以非常極端的方式刺激香港，隨著反作用加劇，中國只能用超級強硬的《香港國安法》予以應對。

抗爭是體現自身認同的強烈表現，也是忍無可忍、再也無法壓抑時，最後爆發出來的行為。回歸後的中國—香港體制，充分展現出兩個完全不同的意識之間，產生矛盾、發生衝突的過程。

現在全世界的人都只記得香港抗議的畫面。香港人也想親自選出領導人。港民要求直接選出特首，但香港政府（應該是中國政府才對）並沒有接受，不，正確來說是無法接受。

中國和香港發生紛爭是由於認同感偏差。在中華人民共和國，大部分的人都會回答自己是中國國民，這表示他們具有一致的認同感，反之，居住在香港特別行政區的人的認同感非常複雜。其實，解決方法一直都很簡單，只要接納即可，應該要肯定對方的不同，並認可其價值，同時不要將自己的意識強加在另一方身上。

但現實並非那麼簡單。中國和香港互不認可、不接受彼此，但也沒有放任不管。正確來說，中國政府覺得承認香港意識這件事猶如芒刺在背，造成這狀況的香港不能說完全沒有責任，因為「香港獨立」的態勢已浮上檯面，且在其內外所發生的事都非比尋常。

從未當過自己的主人

中野信子說，人類有明顯形成群體的傾向，且容易選擇集體主義。集體主義認為，自己所屬的群體能繼續存在下去就是正義，也是最優先的事，除了群體利益以外的其他道德觀都是恥辱。更進一步來說，因為心中有自認為正確的正義，所以「我是團體成員之一」本身就是能提高安全感的武器，如此一來才會隸屬該團體。對於集團成員而言，正義是守護團體遠離某個威脅的東西，沒有比這個更重要的了。

韓國人相信「我們是單一民族」，至少我是這樣被灌輸思想的，而這跟中國—香港體制相去無幾。在我從小生長的環境不知不覺中被注入「我是韓國人」的國家認同感，最終毫無懷疑的接受。

韓國朋友經常問我：「香港不就是中國的，何必鬧得沸沸揚揚？」確實，我以前也曾這樣質問過香港朋友。「多說無益，你們不就是中國人嗎？」如今，中華人民共和國的人罵香港特別行政區的人時，也會提出此疑問。

國家權力總是要求我們擁有一致的國家認同，直到現在，仍從早到晚灌輸人民要有團結的意識型態。

人民在政治上一定要團結嗎？應該也有不團結的自由。你和我的想法不一樣，這不是很正常嗎？我小時候認為，國家權力本身就是一種暴力，便開始憎恨國家。後來，我還曾想過，四十歲以上的人都該去死，世界才會變得明朗。很多人指責無政府主義的過度浪漫，但只要是遭受過國家暴力的人，都知道權力的危險性。

世界是國家的集合體，雖然不是最好的，但為了方便，建立現在的國家系統，而國家則背負著只能勉強維持下去的原罪。此時此刻，所有國家都在努力提升國人的忠誠度，因為民眾隨時會問：「國家為我做了什麼？」

二〇二一年十月，領導德國和歐盟十六年的梅克爾（Angela Merkel）總理退休。她表示，在德國完成整合三十年後的今天，統一大業尚未完成。來自東德的人說，我們仍然是次等國民，直到現在，東西德的團結仍是社會課題。香港人在回歸後，也認為自己是次等國民，《香港國安法》生效後更是如此。由此可見，要實現統一（整合）將有多麼困難。

統一（整合）成為無法拒絕的名分，一定會伴隨各種問題，但我們傾向於無視或低估，因此很容易被操控。最終，對於少數人和弱者（包括雙方內部）來說，統一（整合）是需要付出巨大代價、非常委屈的實驗。

香港人無法自行選擇未來，在回歸之後，他們仍不能自行作主。之前是英國，如今則是中國，**香港人從未當過自己的主人。在一百五十五年的殖民歷史中，香港從不是一個國家。**當然，**香港人也從未是國民，他們只是沒有國家觀念、自由生活的「部落」**。

對於信奉統一（整合）意識型態的中國政府或中國共產黨而言，國家觀念更為重要。中國人對香港人的普遍看法如下：

你們說自己是香港人？香港不是國家，只是中國領土的一部分。「香港人」這種說法太不像話了！沒有香港人，只有中國人。既然這些年都依附在英國帝國主義過好日子，哪怕是現在，也應該努力認罪、懺悔，身心都接受祖國才對。即使你們這麼做，我還要考慮要不要原諒你們，現在竟敢拿地區意識來說嘴，還想背叛祖國，你們真的是人嗎？

雖然不是國家，但若以部落而言，香港人的身分認同很強，這令中國政府氣得直跺腳。正如前面多次提及，香港是第三地帶。這裡既不是中國，也不是英國，是個模稜兩可的地方，港人便是在這樣的環境中成長。即使承認香港擁有其他基因，中國政府也面臨著要改變他們生長環境的課題。那麼，該如何改變？

庫爾特．勒溫表示，再教育的根本問題非常重要。他還說：「每一步都要走對並適時調整，結合個人治療和團體治療，尤其再教育的負責人要完全理解心理學、認知結構、有效性和價值等，以及在再教育過程中，會以何種方式影響彼此？」以結果而論，中國在再教育香港的過程中，並沒能遵守這樣的原則。

一九九七年七月一日，中國和香港兩個不同的身分認同感相遇。香港意識是在英國殖民期間所形成，它並不是一朝一夕所造就，因此也不會馬上消失。

首先，讓我們透過以下例子，了解中國和香港的身分認同有多不同、有多難統一（整合）。回歸後，我認為這幾起事件，導致香港意識型態往中國政府所期待的方向背道而馳。中、港雙邊紛爭頻頻浮上檯面，統一之路自然越來越遙遠。以下事件展現出回歸後，雙方的矛盾現狀，讀者可以一邊思考統一（整合）究竟是誰的責任、該如何進行？

一九九九年香港一位知名作家西西，在長篇小說《我城》中，向苦惱於國民身分的香港社會，丟出了很大的議題。她說：「香港人沒有國籍，只有城市感。」雖然這可能代表城市的認同比國籍更重要，但無論如何，她還是想高喊香港獨特的身分認同很珍貴。

1. 中國全新的人海戰術

影響個人認同感最深的，就是基因和環境。由於自己無法選擇基因，所以環境決定了人。中國人生活在中國，香港人生活在香港，兩者各不相同。韓國俗話說：「河溝裡生出了龍。」這句話的意思是，河溝裡真的很難出現龍，同時，河溝指的是社會經濟條件。馬克思的社會結構理論將此點建構成理論。他認為，以經濟為代表的底層結構，決定了包括意識型態在內的所有上層結構，這是社會主義國家絕對信奉的金科玉律，中國政府希望能以經濟達成統一。

首先，二〇〇三年簽署《內地與香港關於建立更緊密經貿關係的安排》（*Mainland and Hong Kong Closer Economic Partnership Arrangement*，簡稱ＣＥＰＡ），讓香港生產的產品以零關稅進入中國市場，香港投資客也能得到優惠。

目前已完成的建設有：廣深港的高速鐵路（二〇一〇年）、港珠澳大橋（二〇一二年）等。二〇二三年，香港政府公布將廣東和港澳連接成一個經濟帶的「粵港澳大灣區」計畫，並提出具有文化統整方向的政策，讓廣東、香港、澳門組成一個文學聯盟，進行文學作品的交流……現在，香港文化正在融入廣東的文化中。

其中一項就是將中國觀光客「送到」香港，並藉此展示中國的實際消費力量。這始於二〇〇三年香港ＳＡＲＳ風波，在ＳＡＲＳ爆發後，香港的經濟狀況嚴重惡化，中國政府決定大舉派送中國觀光客幫助香港經濟，曾一年送了七千萬名遊客，這是他們為了向香港、臺灣和其他國家，展現中國經濟實力所使用的方法。

想想首爾明洞就能知道，當初中、韓因薩德問題[59]引發矛盾時，曾明令中國遊客禁止訪韓。中國政府不僅可以隨心所欲控制觀光客，也能為了「馴服」外國而限制國民旅遊。這就是中國在經濟方面使出的人海戰術。得益於此，香港旅遊業、商店、餐廳等，陸續大發利市。中國人開始購買房地產後，香港房地產市場也逐步恢復穩定。

從中國政府的立場而言，他們之所以「送」觀光客過去，目的是刺激香港經濟（事實上是提高對中國經濟的依賴度），也是讓港人認知到國家力量和存在的最有效方法。他們堅信，透過附帶的經濟力量，可以在一定程度上消除香港固執的國家認同感。只要讓你吃好喝好，你的倔強便會跟著消失。

不過，經濟不能支配一切，個人認同無法輕易被撼動，香港的地區認同也無法隨心所欲被掌控，因為還有自尊問題。

二〇〇三年起，中國出現劣質奶粉事件，當時發現原來嬰幼兒吃的奶粉，只是一款毫無營養價值的固態飲料，長期食用可能引發頭部發育異常的大頭娃娃症狀，更嚴重還會致死。然而，由於中國政府控制媒體且採取消極態度，所以只有部分人士知情，不知道的人依然被蒙在鼓裡，假奶粉依然不斷在市面上販售。最終到二〇〇八年，才爆出數十名嬰幼兒死亡、數萬人受害的毒奶粉事件。雖然已經公開處決相關人士，但直到二〇二一年為止，還是到處傳出有人生病的消息。

這件事使得中國人紛紛從世界各地購買奶粉，香港便利商店和超市等地的奶粉全被一掃而空，甚至延燒成不信任中國生產的所有食品，而能輕易購買到可靠產品的地方——正是距離最近、被稱為「國外」的香港。不僅是個人，就連代購商也湧入香港。

二〇〇〇年起，香港媒體開始流行蝗蟲一詞，**這是對以購物、旅遊、生育或移民為目，從而入境香港的中國人的貶義稱呼**，將中國人比喻成榨取、搶奪他人利益的蝗蟲。

其中還包括產婦。去香港生產，已然成為中國孕婦間的一種時尚。由於香港採取屬地主義，因此嬰兒在當地出生後，便能獲得居留權。不僅如此，同樣採取屬地主義的美國和加拿大等已開發國家，都因遠赴海外生產的中國孕婦感到頭痛。

為了獲得先進的教育和醫療福利，每年有數萬名中國孕婦到香港生產。以二〇一〇年為例，有三萬兩千六百五十三名「雙非[60]」嬰兒在當地出生，這數字比二〇〇一年增加五十倍之多，二〇一一年，則有四萬名孕婦（隔年起被禁止）赴港生產。港人對此相當憤怒，這些中國人沒有納稅卻想享受福利，而自己有需要時卻無法使用病床。

中國政府明知道港人不滿，卻長期置若罔聞。在當地到處都能聽到類似傳聞，說這種現

59 編按：指大韓民國接受美國的協助，在國內部署薩德反飛彈系統（薩德系統）的過程及衍生事件，中國則認為部署薩德系統會對其國土安全造成影響，並對南韓採取多項反制措施，包括禁止藝人演出、旅遊封鎖等，也導致中韓關係迅速冷卻。

60 作者按：指雙親都不是香港居民。當這些孩子到了升學年齡時，上學距離和教學內容等，都會成為社會問題。

象是中國政府為了接管香港所展開的新人海戰術，再加上中國人有著強大的消費力，因此香港購物中心偏愛中國遊客，反而歧視本地人，不悅正在逐漸沸騰。

我的香港朋友也經常唉聲嘆氣道，自己連便利商店也無法想去就去，白天去時，中國人潮大排長龍，晚上再去時，想買的東西早已被一掃而空。

從二〇一五年起，香港人開始與「水貨客[61]」發生衝突，起初他們會對在便利商店前整理代購物品的中國人說：「回去！別來了！」後來，開始出現團體行動。如果在社群網站上發布現在香港某處有很多中國代購商，那麼就會有數百名香港人過去予以威脅，往往要等到警察出動才能平息。

前面提到心理學名詞「群體內偏好」，是指人們傾向對於自己所屬的群體（內團體）做出更友善的協助行為。中野信子說，之所以會覺得我們歧視別人或被歧視，是由於對內團體或外團體的偏見，一味的指責對方差勁或愚蠢，並無法解決問題。他還警告說，如果沒有保持警醒，每個人都會對親近的人寬容，對其他人則採取嚴厲的態度。也就是說，對內團體的人進行寬和的評價，對外團體的人則進行嚴苛的評價。

回歸，如今對香港人來說，意味著生活中的實際不便，此印象已經深植當地人的心中。如果要說什麼是香港回歸中國後的最大悲劇，我認為莫過於此。這也讓我想到，在分析英國脫歐等歐盟危機時，難民流入所帶來的生活不便。然而，之後還發生了更令人心痛的超大型事件，也就是嚴重踐踏香港人自尊心的港鐵點心麵事件。

2. 港鐵點心麵事件

二〇一二年一月春節前夕，香港地鐵上發生一起事件。起初看起來像是小事，之後卻像核風暴般越演越烈。我認為這是回歸以來，最大的意識衝突事件，該事故演變到後來，成為將中國和香港一分為二的歷史性事變。起因是某個孩子和家人一起從中國來香港觀光，卻在地鐵車廂內吃起點心麵，幾名港人見狀便指責，告訴他們乘車規定，結果雙方爆發口角。這是當時兩方人馬經常發生糾紛的原因之一。

港鐵禁止飲食，甚至還有張貼罰款金額，以及連飲料都不能喝的警語。本來中國人無聊時就習慣嗑瓜子，因此聽說在開通初期，車廂內因瓜子殼而一團亂。總之，香港人從小早已習慣不在車內飲食。

不知從何時起，在香港尖沙咀等中國遊客聚集的地方，出現教育宣導的海報和告示，內容是禁止大聲喧譁、禁止亂丟垃圾等。在像人海戰術一樣蜂擁而至的中國遊客中，很常會在街頭和餐廳看見不文明的現象。[62]

中國人對於香港人事事都挑毛病的小心眼感到難過，而香港人自始至終只是想教育中國人，但前者覺得，那都是因後者缺乏國家意識。當時，雙方時常在香港地鐵或街道上，因公

61 作者按：是一個新詞彙，意指中國代購商。
62 作者按：關於中國文明標語，請參照拙著《以形象閱讀的中華人民共和國》。

德心等問題發生衝突。港鐵點心麵事件原本也差點被當成其中一個小插曲而平息，然而這次卻不同。北京大學中文系教授孔慶東在中國網路電視的時事節目中提及此事，並強烈批評香港的國家認同。

影片公開後，雙方網友立即展開言論攻防戰，相關輿論開始散播，意識矛盾瞬間成了爭論焦點。香港人要求中國人尊重當地的法律和制度，但後者認為，是由於前者打從心底藐視他們才會發生這樣的事。無論是過去還是現在，中國人對香港人的基本立場，與北京大學教授孔慶東的毒舌言論相去不遠。其言論整理如下：

- 香港人擁有殖民地的優越感。
- 改革開放以來，中國許多城市也（像香港一樣）進步很多。
- 香港人一直以來都看不起中國人。
- 香港的教授張口閉口都在教育中國人。
- 香港媒體總是認為香港是最先進的地方。
- 如果香港和中國發生爭執，最後受到損失的永遠都是香港。
- 香港人缺乏國家觀念，卻不知道其優越感是因國家而生。
- 香港人應該找回良心，並建立中國意識。
- 如果是中國人，就有義務說普通話，但如果故意不說，就是王八蛋。

- 很多香港人不覺得自己是中國人，開口就說「我們香港」、「你們中國」，他們已經習慣當英國殖民者的走狗，到現在他們依然是狗，不是人。
- 香港人絕對不會這樣對待外國人和當地人，只有對中國人才像狼一樣。
- 必須用法治維持秩序，表示他們一點素養和知識也沒有。一言以蔽之，他們很膚淺。
- 香港根本是靠中國觀光客施捨的觀光收入過活，否則早就餓死了。
- 香港人以國際一等公民自居，但水、蔬果、米皆由中國供應。中國各個都市都在飛速發展，香港早已失去優勢。
- 就像被殖民的韓國輕視其他國家，被殖民的香港同樣也輕視中國人，這就是典型的殖民地情緒和養子心態（孔氏也曾擔任過韓國交換教授，回國後便出書批判韓國文化）。

寫這本書時，我再次思考：「香港人究竟是什麼樣的人？」我同意孔慶東教授的部分意見，他們是很難相處的人。舉例來說，香港人每件事都想教中國人，而這種行為實際上隱含著某種優越感。剛到香港時，如果我謙虛的表示自己不會說英文，有些老闆會明顯露出憐憫的表情。

據說，在前蘇聯有一個古老的笑話。伊戈爾和鮑里斯是非常貧窮的農民，兩人各耕種一塊巴掌大的地，勉強餵養家人。他們只有一個差別，那就是鮑里斯有一隻瘦骨嶙峋的山羊。有一天，有隻精靈出現在伊戈爾面前，說會幫他實現一個願望。伊戈爾說：「我希望鮑里斯的山羊死掉。」我在檢視中國和香港的關係時，一直想到這個故事，這就是兩者間的寫照，至少他們是以這樣的心態在看待對方。

香港沒有重量感，甚至被稱為「浮城」，應該說，也許這就是避難地、殖民地的特色。臺灣思想家陳光興說，被殖民者會學習強者的語言、語調、表達方法。從這一點來看，被殖民者比統治者更複雜。很多人指出，被支配者會模仿支配者的行為，因此香港人才會誤以為自己是英國人。

在孔慶東教授發表完言論的隔天，香港媒體一致以「孔子後代罵香港人是狗」為題大肆報導。香港社會立即做出大動作反應，抗議隊伍很快湧進中國政府駐香港聯絡辦公室，高喊貶低中國的詞語「支那人」，並要求他們道歉。香港民間的反彈聲浪更是接連不斷：

- 某雜誌主編：孔教授才是中國共產黨的狗，他的意見不是他個人，而是代表中國官方意識型態。
- 某藝人：如果孔子不說普通話，那他也是王八蛋。
- 某電視節目主持人：毛澤東和鄧小平也都說方言，難道就因為他們不說普通話，也成了王八蛋嗎？孔教授的發言在中國被大量報導，由此可知該國政府的立場。

中國知識分子也沒有坐視不管，而是批評了孔教授。代表中國的文化學者易中天等知名人士說：「這是在侮辱不會講普通話的幾億中國人。」批判社會內部的人士，即拒絕「群體內偏好」的力量，才是衡量社會健康程度的標準。具備能評判自己、家庭、友人、社會及國家等力量，是很重要的。批評外團體固然也很重要，但對內團體的批判更為關鍵。就這一點而言，我很尊敬同樣身為中國人，卻批評孔教授發言的中國知識分子們，這才是知識分子不同於政治家的本質。

那時香港即將舉行行政長官選舉，候選人當然要為了得到當地人的好感，講出維護香港認同感的發言。一般來說，當自己與別人的不同被認可時，會感到幸福。香港人認為以下幾點代表著自身意識：

- 法治是香港的核心價值。
- 絕大多數的港人會主動守法，這點應該要得到尊重。
- 守法精神反映了香港人的素養。
- 香港應該要向包括中國人在內的外地人宣傳香港的規範。

孔教授不愧是具有中華意識的學者，完全無視香港市民，只願喚起香港國民。陳光興警告道：「大眾化的民族主義正在招來鄰近地區的敵意，中國民族主義也試圖徹底將港人塑造成他者。」從這一點而論，孔教授看起來不像知識分子，而是政治家，因為他完美代言了中國官方的意識型態。

中國人對香港的認識跟孔教授的批評大致相差無幾，即舉出：殖民地優越感、頑固的本性、英國的走狗、忘恩負義……。另一方面，香港人對中國人的回答是「共產黨式的思考方式」、「只知道國家和民族的老頑固」、「缺乏守法精神的土包子」等。完全看不到雙方能和解或妥協的地方。

香港學者羅永生表示：「新主人取代舊主人的過程非常複雜。除了勝利者的復仇心理之外，還伴隨著自卑感。」如果再讀一遍孔慶東教授的話，就能知道羅永生所說（中國人的）復仇心理和自卑感為何。不料，之後爆發直接威脅「次等公民」香港人安全的事件。

3. 銅鑼灣書店事件

據說，香港商業中心銅鑼灣一帶的房地產全都屬於日本人，其中心是日商SOGO百貨公司，在該建築物的後巷可以看到寫著「銅鑼灣書店」的大招牌。這間書店於一九九四年開業，除了人文書籍外，還能看到中國無法出版的政治書籍，因而聞名，尤其該書店出版並銷售的大都是揭露中國多位領導人的私生活，因此被好奇心強的中國遊客視為必遊景點。

二〇一三年《中國教父習近平》一書在香港出版，書店發行人曾在中國經濟特區深圳被抓。二〇一四年，香港某政治評論雜誌的創辦人和編輯也曾被捕。儘管如此，雙邊政府依然對香港出版業採取較為寬容的態度，但自從習近平上臺後，手段轉為強硬。

銅鑼灣書店原先計畫要出版《習近平和他的六個女人》，但自二〇一五年十月起，相關人士陸續「被消失」。首先，經營者兼大股東在書店倉庫失蹤，三天後，瑞典籍的大股東在泰國失去音訊。幾天後，創辦人兼店長林榮基在從深圳回香港的途中下落不明，再過兩天，員工也跟著失蹤。最後，十二月底另一位股東離奇失蹤，五位書店人士就這樣悄無聲息的消失了。

問題是，他們不見後，長則三個月、短則兩週都不知去向，家屬們向香港警察打聽其蹤跡，卻沒有得到痛快的回答，後來才公開他們是在中國接受調查，這件事不僅是香港，也帶給國際社會巨大衝擊。

四名書店相關人士在泰國或中國莫名消失，但經營者李波是在香港失蹤，這令港人驚訝不已。當地人在香港境內被捕後被押送到中國一事，使得人們倍感憤怒，更何況，本應保護港人的香港政府自始至終都在逃避發言。美國、歐洲、日本政府等國紛紛發表聲明，要求中國政府出面解釋。

直到二〇一六年一月，香港特首才親自出面表明，正在盡全力調查失蹤事件，最終被綁架的人出現在中國媒體上。他們自稱是為了協助調查才主動來到中國，但那番話任誰也不信。到了三月，他們陸續回到香港，卻都不願意告知到底經歷了什麼。等到店長鼓起勇氣開記者會，大家才真正了解詳細情況。

同年六月，事件全貌浮上檯面。他們是被中國公安逮捕，目的是徹查書店經營情況，特別是他們被要求提供中國領導階層內部資訊的人，以及購買禁書的中國顧客名單。港人的憤怒和悲傷達到極點，之後瑞典籍大股東也因間諜罪被判處十年有期徒刑，並關押於中國，創辦人兼店長則在二〇一九年倉皇移居臺灣。

或許，這可說是一國兩制、言論自由、出版自由、人身自由等的終點站，當然也是香港身分認同的終點站。

4. 電影《十年》，預言成真

在書店人士陸續被消失時，港人的腳步正在走向電影院。二〇一五年十二月，電影《十年》在香港上映，其票房超過《星際大戰》（*Star Wars*），時機點正是發生孔慶東教授侮辱港人後，當地展開最長抗議活動——雨傘運動——的衝擊和熱情尚未消失時。

誠如電影名稱，是預測香港的十年後，也就是二〇二五年的短篇影集。五位三十多歲的年輕導演感受到香港人權、民主、言論自由等政治權利受到威脅，這危機感使他們共同合作，一起描繪現實，並預言未來。以下統整出五位電影導演所創造的故事：

- 政府為強調《香港國安法》的必要性，唆使黑道暗殺政治人物。
- 市區重建使房子變廢墟，有人把從廢墟裡找到的物品製成標本，後來自己也成為標本（永遠保存港人身分）。

- 出現排斥說粵語的規定後，計程車司機失去工作。
- 因違反《香港國安法》而被關押的領袖，在監獄中絕食抗議後身亡，女性支持者在英國駐香港總領事館前自焚。
- 老闆因出售貼有「香港本地生產」標籤的雞蛋而遭襲擊（在韓國，本地指的是中國，但在香港學界，有地域性的涵意，這是因該詞具有自我中心性和暴力性所致）。

其中〈自焚者〉的導演，講述自焚女性的故事，並明確表達自己的願景。目的是帶給觀眾衝擊，呼籲他們採取行動、改變現況，如果不盡快動作，香港市民也會像西藏一樣面臨悲慘的境況，因此應該要為民主化更積極的做出更多貢獻、犧牲。

▲ 香港為了展現重新引領亞洲或世界文化的意志，所打造的西九文化區（West Kowloon Cultural District），右側遠處是香港故宮文化博物館。

該部電影在第三十五屆香港電影金像獎上獲得最佳電影獎的殊榮，二〇一六年在臺灣上映時，也獲得好評。香港各級學校和市民團體接連舉辦播映會和討論會，「十年」一詞一度廣為流行，此後還帶起展望亞洲十年後的電影潮流，期望製作出臺灣版及泰國版《十年》。

可想而知，中國政府不允許該電影上映，也不准轉播電影頒獎典禮。二〇一六年一月，代言中國政府立場的報紙《環球時報》（*Global Times*）批評《十年》，表示該部作品的內容荒腔走板，十年後的香港不可能會出現這樣的場面。但在看到二〇二三年的實際情況：「不能發表批評中國和香港政府的言論。」電影預言似乎完全成真。

二〇二一年十月，香港立法會議通過《二〇二一年電影檢查（修訂）條例草案》。倘若電影中有批評中國政府、威脅國家安全的行為等，政府有權禁止上映。草案的宗旨是，有股勢力正誘導香港年輕人厭惡中國，故而必須立法阻止。

第十四章

重洗血統，喚起中國基因

中國政府使出渾身解數，要讓香港市民「重新成為國民」。面對香港這群沒有國家的人們，中國無法袖手旁觀。從香港人的立場來看，這不僅是「洗血統」，也是「重生」。

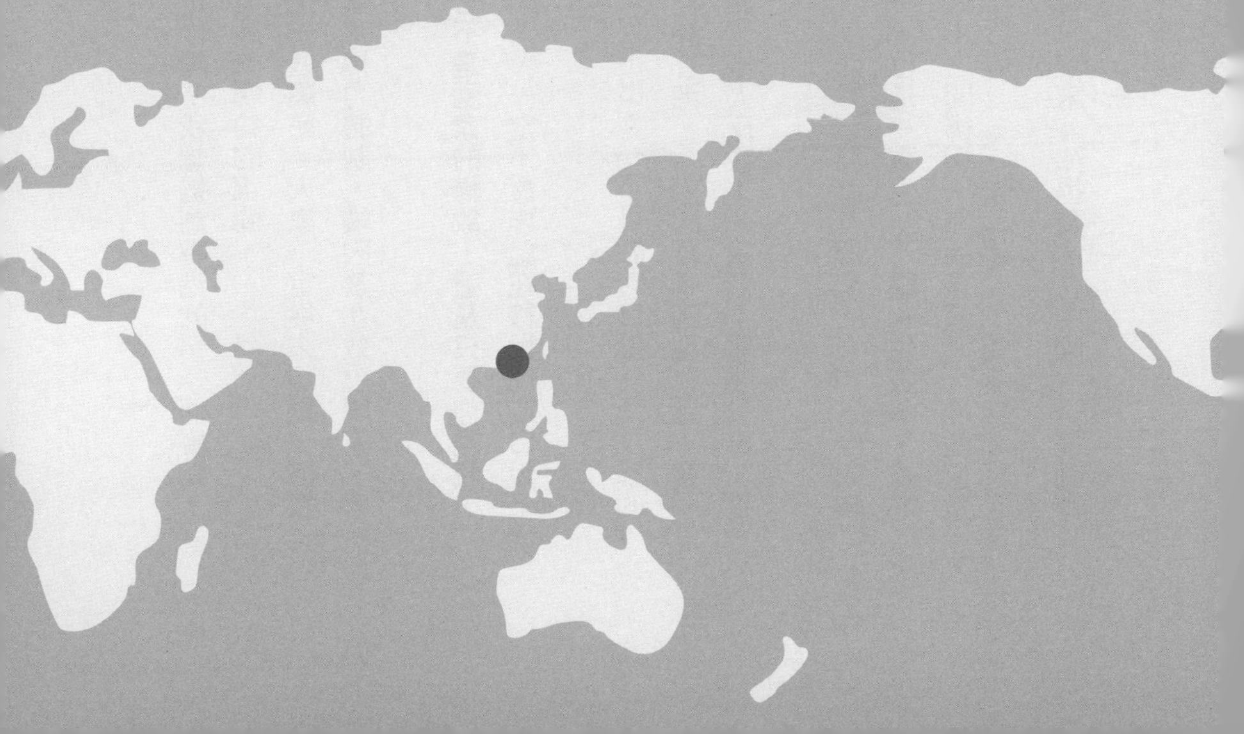

如果可以，各位會想選擇哪個國家？擇國標準又是什麼？我想提到香港的另一個優點，那就是不受國家和民族限制。香港「曾經」也是一個能高談闊論的空間。

香港式的自由以及其特有的創意，皆來自於它不是一個國家。大家一定從未想到，國家意識型態竟如此強烈壓迫著我們。香港回歸後，進入國家權力體制，被囚禁在效忠國家、孝順父母的絕對標準框架中。

原先香港並不用服兵役，只有納稅的義務，由於它不是國家的緣故，這是只要你納稅，就可以大聲說話的地方，故而需要定期更新簽證的外國人，一定不會忘記在移民局窗口說上一句：「我可是有繳稅的！」

社會心理學家高爾頓・奧爾波特（Gordon Allport）指出：「不可能向自覺受到攻擊的人傳授新知。」香港回歸六週年時，中國官方學者曾批評香港，六歲的孩子到現在還不會叫爸爸、媽媽，還說是香港特區政府沒能好好教育。對此，港人反駁：「我們不需要父母。這一百五十五年來，即使沒有父母，也能過得很好。」

中國政府使出渾身解數要讓港民「重新成為國民」，面對這群沒有國家的人們，中國無法袖手旁觀。從港人的立場來看，這不僅是「洗血統」，也是「重生」。羅永生表示，香港正在從無國籍清洗為中國人，也正在國際城市和中國城市之間徘徊。無論是個人、地區還是國家，改變認同感都需要時間，非常困難。

中國政府正在全力塑造國民，而非市民。韓國社會學家宋斗律提及，在中國，一提到市民二字，就會理解為類似於西化的買辦勢力，也就是說，香港市民打從一開始就存在著不被認可的宿命。更何況，《香港國安法》上路後，香港市民社會的成長似乎更加遙遙無期。

從二〇二二年起，香港所有中小學都必須懸掛中國國旗，每週要舉行一次升旗典禮，也要唱國歌。韓國歷史學家林志弦點出，孩子們**透過反覆進行的國民禮儀，將自我沉浸在祖國和民族的團體自我中**。在「我們」裡，個人會失去立足之地，必須交出市民的靈活思維，才能走上成為國民的道路。

捍衛本土，反對再教育

前面提到，庫爾特・勒溫曾表示，個人對先前的價值體系越忠誠，就越會敵視再教育；社會性的傾向越強、利己傾向便越弱，也會更加強烈反對再教育。上述這句話，是在理解回歸後的香港意識，或理解分化的重要衡量標準。也就是說，港人對身為本地人有多自豪？港人的定義為何、喜好是什麼、是利己還是利他？

自我認同必然會對抗其他認同，這等於是在要求「就讓我按照一直以來的方式生活、請認定我原來的樣子」。回歸的衝擊，讓香港的自我認同感變得更加珍貴，想要守護「香港式」的趨勢正如雨後春筍般出現，這是為了抵抗中國所產生的反作用力。回歸的兩年後，港人的不滿逐漸浮上檯面。

一九九九年七月一日，抗議群眾戴著象徵香港法治已死的黑色臂章；二〇〇一年七月一日，數千人舉著象徵「民主、人權、法治已死」的墓碑上街抗爭；二〇〇三年七月一日，為了反對《香港基本法》第二十三條所規定的《香港國安法》立法，出現香港史上最大規模的五十萬人示威活動；二〇〇四年七月一日，數十萬名反對群眾再次要求特首的普選；二〇〇六年七月一日，五十萬港人針對最低工資制度、環境汙染問題、幼兒教育補助和直接選舉等議題提出抗爭。

二〇〇六年港人展開反對天星小輪碼頭遷移的保護運動，隔年發起保護即將被拆除的女王專用碼頭的運動。自己日常的痕跡，突然變得珍貴，他們想守護屬於自身的回憶和記憶，「捍衛本土」的標語出現在各種示威現場。學者們看到這種趨勢後說，本土主義正在興起。

二〇〇八年發生四川大地震，造成七至八萬人傷亡，港民在血濃於水的口號下，大規模前往當地支援。該年正好舉辦北京奧運，因此香港人的「中國人意識」，即認為自己是中國人的認知達到高峰。但在隔年，卻發起反對建設連接廣州和香港的高速鐵路運動，該鐵路被懷疑是企圖消除香港意識的一項設施。

這些都是害怕強者中國會消除弱者香港所做出的舉動，也就是說，比起高速鐵路帶來的經濟實際利益，香港人更害怕急速進行的中國化，即香港意識的消失。

二〇一二年，香港報紙上出現一則「蝗蟲」廣告，將來自中國的觀光客、孕婦等人塑造為他者，之後便看見香港認同感正逐漸強化的跡象。二〇一四年，中國全國人大常委會宣布拒絕香港實行普選，香港人旋即占領中環，發起所謂的「雨傘運動」。自二〇一五年起，香港各地紛紛出現反對中國走私商「水貨客」的游擊式示威，該年年末，出版中國領導人傳記的銅鑼灣書店相關人士失蹤，香港社會陷入一陣恐慌。

二〇一六年，旺角警察和抗議人群發生激烈衝突。由於是在打擊魚蛋商販的過程中引發口角，所以又被稱為「魚蛋革命」。警察和抗爭群眾的紛爭越演越烈，彷彿是城市游擊戰，此後，應對示威者的方法和方向成了雙邊政府的重大課題。

同年，香港民族黨、香港眾志、香港列陣等「傘後組織」（Post-umbrella Groups）接連創立，香港的國家認同凝聚於政治上，可說是轉變為衝突的徵兆。中國和香港，就像兩輛對向疾駛的火車。

國民教育，重塑港人

庫爾特．勒溫說，如果要讓木匠變成鐘錶師傅，就不能只是單純傳授鐘錶製造技術。除了新技術之外，還要連鐘錶師傅如何思考、行動等，都一併予以教導。

如果想改變國家，應該先改動什麼？如果想改造國人的意識，應該怎麼做？首先，要掌握媒體和教育部。當政權交替時，電視臺負責人率先會被替換，由此可窺知一二。換掉博物館館長、重新編寫教科書……由於過去的歷史被扭曲，因此需要消去後重寫。

從那時起，頭條新聞連日不斷報導歷史課本寫錯了；換掉電視臺負責人，就能改變播報新聞的優先順序；更換博物館館長，展覽將能重新編排，然後說過去展示的節目和展覽都錯了。所以說，歷史是勝利者的紀錄。

香港回歸後，中國政府透過以下措施重塑港人，即把市民變成國民。中國官方出版社中華書局出版《圖解香港手冊》，其中的〈國民教育〉篇開頭便有下列說明：

香港自回歸祖國後，特區政府致力於國民教育，增強港人的國家觀念和民族意識，培養國民身分認同。政府成立國民教育中心。

民政事務局播放與國旗、國歌、國家發展有關的電視宣傳短片，舉辦與中華傳統文化有關的展覽，與各社區團體合作，進行不同類型的國民教育推廣活動。

教育部在中小學推行國民教育課程，在不同學科加入國民教育元素，在學校推廣升旗，舉辦與國民教育有關的講座、研討會、軍事夏令營、學生交流團等活動。

公務員事務局舉辦國情專題講座，開設國家事務研習課程，舉辦內地考察團，舉辦香港與內地公務員交流計畫。

國民教育旨在將市民打造成國民，這是中國政府在雙邊體制下最關心、最努力推動的領域。以下整理出其六個面向：

1. 是洗腦還是健腦

每學期初，我都會在課堂上跟學生說：「各位的大腦就像白紙般，我塗上紅色就會變紅，我塗上藍色就會變藍。」國家認同感越弱的人，就越容易被形塑，這被稱為「洗腦」，而這件事可以透過反覆學習來達成。希特勒的宣傳部長戈培爾（Paul Joseph Goebbels）曾說過，即使是謊言，只要一直說，大家就會信以為真。

從二〇〇四年十月起，香港人必須在看電視時學習「祖國」，一天會有兩次在看新聞之前，收看搭配中國國歌〈義勇軍進行曲〉的國家宣傳影片，這是一段名為《心繫家國》的四十五秒短片。香港意識鮮明的人稱之為洗腦工作，而對中國意識感到自豪的人，則叫做讓大腦變得健康的健腦學習。

中國政府非改變香港人的成長環境不可，同時要讓他們知道祖國真的回來了，之後還多次更新不同版本的宣傳影片。自二〇二〇年十一月起，這一主題改名成「心連心」。

該影片出現的畫面有：萬里長城、香港學生合唱中國國歌、中國各地民俗和風光、中國奧運隊伍宣傳、中國人民解放軍訓練、解放軍為人民服務（水災、地震等）、中國發射太空船、中國知名人士介紹歷史、太極拳等中國文化和傳統藝術、中國古今建築與城市發展狀況、中國在經濟、科學技術與體育領域的發展、香港管絃樂隊演奏中國國歌、香港警察樂隊演奏中國國歌……。

此外，內容還強調中國和香港簽署的《內地與香港關於建立更緊密經貿關係的安排》，並且重申習近平的統治理念——中國夢。也許，就是這些畫面彙整起來，形成所謂的「中國」形象。

二〇〇六年，香港政府擴大重組國民教育中心。二〇〇七年國家主席胡錦濤出席香港回歸十週年紀念儀式時點出，國民教育很重要，希望增加雙方的青少年交流，這代表中國很關心仍在白紙狀態的香港青少年頭腦，也明確表示今後中國政府的目標。之後，香港和中國政府也確實如此行動。

二〇一七年國家主席習近平出席香港回歸二十週年紀念儀式時，也再次強調國民教育。他先是斥責：「在世界各地理所當然存在的國民教育，為何偏偏在香港被抗議？《香港國安法》可以在澳門立法，為什麼不能在香港實行？是不是因為這樣，所以港獨分子才如此囂張？」他的結論是，由於國民教育不足，使得香港年輕人越來越缺乏國家意識。事實上，是根本還沒來得及形成。

2. 全面修改香港歷史課本

早在回歸前的一九九五年，中國政府便頻頻要求全面修改香港課本。一九九七年初，中國也曾要求重新編寫歷史教科書。之後九月開學時，由於刪除或縮減中國政府厭惡的內容，也就是臺灣和西藏的歷史、一九五七年大躍進運動引發的大饑荒、一九七〇年代末期的民主化運動和一九八九年的六四天安門事件等，使得歷史課本變得比之前更薄。

尤其在一九九七年之前，教科書中只將兩次鴉片戰爭描述為貿易衝突，在此之後，大幅增加鴉片戰爭以及影響中國領導人的文化大革命等內容。如此看來，歷史是勝利者或掌權者隨心所欲編寫的小說。

二〇一五年，香港教育當局修訂中學的中國史科目，將香港史編入其中，目的是將香港歷史視為中國歷史的一部分，並阻止獨立意識的抬頭。教育局文件中提到關於中國歷史的偏見和真相：

要理解近代國家發展，才能與今日同胞分享共同回憶、同悲同喜，孕育對家國民族的感情。回歸以後，認識國家是理所當然，是民心所願。

總之，為了認識國家和民族，要加強近代史教育，其特點是強調孕育感情。這是為了樹立新的世界觀，即國家認同感所採取的措施。同時還預告往後將會以中國式的教育方針，也就是突顯國家和民族的「主旋律」，來刺激受教者的情緒。將歷史改編成悲痛故事，不僅無法培養理性思考的能力，也會妨礙國民建立健康的大腦。

加強近代史教育，就是要灌輸中國共產黨的史觀，即被害意識。中國反覆指出從鴉片戰爭時期，由於清朝無能，帝國主義隨意蹂躪中國。當然，還伴隨著中國共產黨傳承五四運動，恢復中華民族自尊心。其目的是連接出一套邏輯：中國近代所遭受的羞辱和迫害，是由中國共產黨出面整治，也就是說，多虧中國共產黨，中國才得以恢復民族自尊心。現在為了一圓成為世界強國的中國夢，必須下定決心團結一致，向前邁進。

二〇一六年十一月，香港立法會通過議案，要求中學將中國歷史列為單一必修課。親中人士表示歡迎，並稱這可以解決當時最大的難題——香港分離、獨立。在野黨反對道，這是以愛國教育之名施行的洗腦教育。

二〇二〇年六月底，《香港國安法》生效後，《人民日報》稱，「毒教材正在荼毒香港學子」、「教科書害得學生沒有出息」。隔年出現新的教科書草案，內容著重在英國統治香港違反國際法，並重申香港人也是中國人。教育局瞄準香港意識型態，以「毒」來形容香港的民主、自由和法制。

3. 博物館重整

回歸後，香港歷史博物館在一九九八年擴建，並移至尖沙咀重新開幕。第一場展覽是以宣揚中國文化為目的所舉辦的「中國古代技術文物展」。眾所周知，博物館和學校一樣，被視作官方的教育機構。前蘇聯在一九二一年至一九三六年，建立了五百四十二間博物館，德國在一戰和二戰期間也設立兩千多間博物館，目的是恢復對國家的自豪感。韓國歷史博物館最初也是以宣揚民族性而興建。

文化研究學者西川長夫警告道：「博物館是為了讓家庭、學校、新聞業等人民團結，所展現的意識型態。」而且，博物館本來就不是悠閒的空間，它具有權威，觀光客會將其傳授的內容當成絕對真理。現在，世界各地的博物館也依然向所有人傳遞知識。

在回歸之際，重新開放的香港歷史博物館，也象徵與眾不同的目標。香港專屬的地域認同感太過清晰，必須要教育這些走偏的人，因為中國想把香港從悲慘的英國殖民地帶回幸福的祖國懷抱。在博物館裡，無論是中國人還是香港人，大家都是同一民族、雙方同屬相同地帶、香港地區很久以前便是中國的行政區。

以歷史的角度來看，從舊石器時代起，香港與中國一直保持相互關係，並擁有相似的風俗和飲食。當然，香港島和九龍半島絕對不是被遺棄的地方，而是中國非常珍惜的土地。強調奪走這一塊重要土地的是帝國主義，並大力宣傳無恥的英國人量走私鴉片，引起人神共憤。最重要的是，《南京條約》是不平等條約，反覆重申香港是因此才被奪走。

館方還專門設立一個專門刻畫鴉片戰爭的展間，且明確指出，就武器而言，起初就是一場不對等的戰爭。然後，像往常一樣，需要一位主角，在惡劣的條件下，為了堅守民族自尊奮戰到底。林則徐銅像至今仍有「防備帝國主義」的形象，守護在展間中央。二〇二三年七月，博物館進行修整，大廳簡略展示常設展覽「香港故事」，中國觀光團卻絡繹不絕。

另一方面，館方為了突顯中國大一統的局面，打壓香港的地區意識。絕對不能出現香港在被殖民時代所塑造的自身認同感，或是想要誓死守護的內容，更不能提到中國共產黨的恥辱「六七暴動」、「六四運動」。然而，這些都是非常重要的歷史事件，如果直接省略，博物館的權威便會令人質疑，所以只是粗略帶過。

對於中國、中國共產黨而言，香港回歸這一豐功偉績再怎麼炫耀也不為過。光是能拿回英國霸道出借九十九年的土地就很了不起了，更何況是討回被永久割讓的香港島和九龍半島。「回歸」此一題材，當然是在有著中國傳統房屋型態的特別房間內進行宣傳，並搭配播放影片，牆壁上也貼滿與此事件有關的世界各國新聞頭版。

八個展間中，還有專門介紹日本占領時期。雖然只有短短的三年八個月，但在中國共產黨的史觀中，絕不可輕視。對日本統治沒有一句肯定表述，相反的，對英國統治時期的整體評價都持肯定態度。

最近在東亞，對日治時期的比較研究相當活躍。日本和國民黨的對臺統理，經常被拿來當作比較的案例。臺灣人在各方面都會比較國民黨與日本的治理方式，許多人因此更討厭國民黨。另外，中國共產黨持續進行肅清和平反的政治活動。既然香港主權已經回歸，當然要重新評價歷史。

回歸後，香港（中國）政府先是決定重塑港人最大的集體記憶，也就是「六七暴動」。政府重新評價和讚揚相關的左派人士，這些人幾十年來一直受到港人和香港（英國）政府的批評，然而如今卻說要幫忙「平反」。還說，左派人士為香港社會做出卓越的貢獻，並須發動章給暴動當時的親中派工會領導人（鬥委會委員），也解除一九五〇至一九六〇年代向激進左派下達的通緝令。

同時，香港（中國）政府也讚許日治時期在香港一帶活動的中國共產黨抗日游擊隊——東江縱隊。《文匯報》和《大公報》等親中報社在舉行紀念活動時，不斷挖掘並宣揚與該活動有關的人物。為了向香港灌輸中國和中國共產黨的意識，這是不得不為的措施。

4. 喚起中國基因

沒有比鮮明的記憶更鮮明的謊言了。我們會以自我為中心，扭曲親身經歷的個人歷史。在國家認同和實際利益之間，大腦會將過去的事件重組。不僅是個人，歷史事件也是，為了製造謊言，導入公權力，以便隨時策劃該如何扭曲國民腦中的歷史。

即使是相同事件，對某些人來說是喜劇、是悲劇，也可能什麼都不是。體現的方式亦各不相同，有人是笑著忘記，有人是時刻都處於憤怒中，有人則是一心等待下一個投票日。公權力總是為了自身好處，找機會重塑國民意識。

換言之，即使沒有經過世代交替也可以有所變化。這樣看來，香港的國家認同也可以被變更，而推動此變革的中國政府擁有正當性。首先，需要堅持不懈的喚起國家和民族意識，再者，必須努力抹去鞏固香港實際利益的記憶。

香港的確也曾將中國視為祖國。一九六三年成立以中文授課的香港中文大學後，對中文的認知開始擴散。六七暴動後，香港（中國）人的待遇問題被放大檢視，中文運動也受到關注。一九七一年，香港各大學學生會展開認識祖國、關心社會的「認中關社」運動。有人認為，這是大學生開始對中國產生認同感的契機。

一九七四年，中文終於取得與英文同等的地位。認識祖國的方法，就是先組織旅遊團。香港當時正好捲入中、日的釣魚臺領土爭議。日本為了維護釣魚臺主權展開行動，而香港大學生便到日本大使館和日本文化館前抗議。

二〇〇三年中國成功發射載人飛船。雖然大家早就知道中國的尖端技術已達世界級，但此事還是震驚全世界。從十九世紀到二十世紀，中國一直以來都受到以日本為首的帝國主義列強羞辱，原因可以說是包括軍事武器在內的科學技術落後。中國政府為了一吐歷史怨氣，致力開發核武等。一九五〇年代開發原子彈、一九六〇年代開發氫彈、一九七〇年代開發洲際彈道飛彈……以及飛向外太空的計畫。

中國政府成功發射載人飛船後，不僅向國人大力宣傳偉大的祖國認同感，還想要讓港人看見，並在其腦海中種下令他們自豪的形象。不，應該是想喚起隱藏在當地人基因中的祖國，進而創造出全新記憶。

當時，中國還派太空人到香港街頭遊行，並在體育場舉行大匯演活動。從彼時的氣氛來看，載人飛船成功發射似乎讓港人真心接受中國。港民也對此表達由衷的祝賀，並感受到身為同一民族的自豪。

香港人在中國發生地震時，發起救災行動，在中國發生水災時，也援助災民。二〇〇八年四川大地震發生後，幾乎所有港人都參與募捐。中國政府把握住每個時機，在回歸後，隨時強調彼此流著同樣的血。

該年北京奧運開幕，中國政府大力宣傳中辦和成功舉辦奧運一事，並將此事作為培養國家意識的媒介，之後也派奧運明星到香港，努力讓祖國的光榮成為港人的集體記憶。

在二〇一七年香港回歸二十週年的典禮上，有個民族舞劇《孔子》的紀念活動。孔子從清末起成為眾矢之的，在五四運動時變成千古罪人。直到二十一世紀，孔子才在中國復活。不，是在改革開放以後，中國共產黨為了導正只知賺錢的社會氛圍，於是同意讓孔子復活。

二〇一一年還在天安門廣場立起巨大的孔子像（八公尺高），雖然沒過多久就迫於輿論壓力搬到旁邊的中國歷史博物館後院，但為了以國家和民族喚起香港意識，中國派出最能代表中華民族的文化基因——孔子。

5. 學會說普通話

一九八六年香港教育部正式將普通話課程作為獨立科目，並安排到小學四到六年級課程中，還在各教育大學設立教師培訓課程。隨後在一九八八年頒布普通話程度測驗規定，隔年，政府公布普通話教材、教學大綱等。一九九五年，香港總督在施政報告中承諾將加強學校的普通話教育。二〇〇六年中國教育部語言文字信息管理司司長說道：

「近來香港人說普通話的人口不斷增加，但至今仍與外國沒有什麼不同。作為中國人，為了擴大經濟和文化共鳴，必須使用普通話，這一點香港人應該要明確知曉。」

中國政府先是制定目標，到二〇一〇年為止，全體國民要學會基礎普通話，到建國一百週年的二十一世紀中葉，普通話要在少數民族間變得更普及。在英國統治時期的香港，英語當然是官方語言和教育語言，而在日本占領時期，日語取代英語的地位成為官方語言，中小學每週要進行四小時的日語教育。

國民黨撤退到臺灣後，也展開大規模的「國語運動」。從這點來看，語言與統治主體具有高度的直接相關，因此可以將普通話與中國政府的統治理念視作一體。

在二〇一一年上映的電影《一路有你》中，有一幕是中國人對香港司機大喊：「先學普通話再說。」香港回歸後，政府開始推行說普通話，中國官員和官方學者亦經常強調普通話的好或貶低粵語，以此刺激港人的自尊心。就連中國學者也譴責生於香港、在美國活動，並研究香港身分認同的周蕾，說她是連普通話都不懂的人。這些意識型態日日夜夜在香港人的耳邊迴盪：

「多說、多聽普通話就能更熱愛祖國，也能吸收中華民族的優秀文化，沒有文化的商人做不了大生意。」

歷史學家艾瑞克・霍布斯邦（Eric Hobsbawm）說，把使用同一語言的人視為朋友，把使用不同語言的人當作敵人，這觀念是最近才形成的。我感覺到香港在回歸後，講普通話的環境越來越差，當我用普通話買東西或問路時，得到的反應非比尋常。

二〇一四年雨傘運動後，在餐廳或在路上看到香港人對會說普通話的人的敵對態度超乎想像，由此可窺見人們的絕望。在敵視的目光中，我會盡量說英語。

二〇一八年二月，香港知名大學之一的浸會大學（Hong Kong Baptist University）把普通話列入必修課後，學生幹部對此表達強烈的抗議，兩名學生因而被停學。在中國共產黨的組織內設有國家語言文字工作委員會，其編寫的輔助教材中提到以下內容：

「粵語是方言，香港的官方語言不是粵語，而是漢人普遍使用的普通話。」

同年五月，香港行政長官最終在議會答辯中表示：「我們每天都講粵語，粵語就是香港的母語。」語言是構成認同感的最重要條件。多虧了方言，或者說，正因為方言，香港人更加堅定他們的認同感。香港人講香港話（粵語），所以是香港人。在中央來看，方言就是方言，但至少在該地區，那是名正言順的官方語言。

粵語又分為廣州粵語和香港粵語。雖然同為粵語，但還是能一下子就聽出對方是中國（廣東）人還是香港人。香港人對於有許多英語等外來語的香港粵語，有著與眾不同的自豪感。很多人認為，香港通用的粵語與香港認同感一樣獨特，因此應該稱為「香港話」，因為那既不是普通話，也不是中國式粵語，而是具有香港特色的粵語。

廣東省使用的方言有客語或潮州話等好幾種，其中粵語是主流語言，不僅在東南亞，甚至延伸至全世界，只要有中國人的地方，粵語都是影響力最大的語言。

世界上的華人社會也有很多種，來自福建、廣東的人等，彼此也會團結在一起，福建話和廣東話便決定他們各地區的認同感。

有句話說，中國人會說好幾種外語。中國幅員遼闊，使得其方言的差異非常大，就像無法理解的外語。如果父親是山東人、母親是廣東人，子女自然而然會學到山東話和廣東話，而在學校說普通話，所以就會使用包括粵語在內的三種語言。這麼說來，如果住在河南省，還可能再多一種河南方言，等於是大部分的中國人都會講四種外語。再加上，馬來西亞華人既會說馬來語，也會說英語，可說是精通六大外語，這就是為何馬來西亞華人在世界各地都會受到企業歡迎的原因。

從這個角度來看，努力在中國全境推廣普通話的中國共產黨，會自豪的說這全是他們的功勞。當然，這不包含英國統治的香港。從廣袤的中國土地來看，廣東地區既偏遠又陌生，語言也完全不同。北京人移民香港後，會在香港政府經營的培訓所接受粵語教育，聽說要過半年才能聽懂，一年左右才能說得有模有樣。

教育工程師芭芭拉．歐克莉（Barbara Oakley）提到，講中文的人和講英語的人，兩者是以不同的大腦領域計算數學。成長環境（包含語言環境）對大腦的影響很大。那麼，以英語和廣東話為母語的香港人，其頭腦結構便和中國人不同。大腦結構是一個人的意識，而個人意識會建構出集體意識。

6. 自我審查，習慣成自然

我在前言提到，無論是入境香港還是中國時，我都會在海關蓋下入境章的短時間內，進行漫長的自我檢查：「我出版的書中，有沒有支持香港獨立的內容？上次放假去香港時，有沒有過度贊同（批評港警無情鎮壓的）朋友？」以學者自居的我，常對此感到失望。

在香港回歸之前，媒體就開始整肅軍紀。在那之後，每當我快要忘記時，以下新聞內容就會讓我立刻打起精神。一九八三年，香港哈佛大學博士黃賢因涉嫌竊取國家機密，在中國鋃鐺入獄，被判處十五年有期徒刑。一九九二年，《快報》記者因涉嫌竊取江澤民總書記的演講稿，在中國被捕。隔年，《明報》記者席揚因涉嫌竊取國家機密，在北京被捕，最終被判處十二年有期徒刑。二〇〇一年，香港城市大學李少民教授因涉嫌作為臺灣間諜而在中國被抓。二〇〇五年，新加坡報紙駐港特派員程翔，因間諜嫌疑在中國被捕，被判處五年有期徒刑。

二〇二〇年《香港國安法》上路後，批評中國的外國記者無法延長其香港簽證。隔年十一月，英國《經濟學人》（*Economists*）駐港記者延簽被拒，她是第三個遇到這種情況的外國記者。

在回歸之前，很多學者早已擔心香港的未來。美國政治學家熊玠（James C. Hsiung）同樣最擔心北京干預香港的政治和經濟，踐踏言論自由、司法自由、學術自由、選舉自由等法治自由。當時有人說，這是學者杞人憂天、過於消極的推測，但《香港國安法》生效後，連日多人遭到舉報和起訴。二〇二三年七月，香港特首嚴正下令，將徹底追查涉嫌違反該法而被通緝的八人，並予以逮捕。看著這樣的新聞，學者的擔憂似乎變成現實。

▲ 香港海防博物館展出1997年主權移交儀式。

香港民主派政治人物也擔憂法治會轉變為人治，也就是說，在英國統治時期，香港是法治社會，然而他們憂心香港會成為像現在中國一樣的人治社會。據說，中國派往香港的情報員和監視人員合計達到上千人，這表示，中國國家安全部和公安部正在看管香港主要機關和人士，在行政長官官邸也曾發現過竊聽裝置。《香港國安法》上路僅一年，起訴案件就超過十萬件，這新聞讓人對香港未來感到茫然，香港現在是否也變成相互監視的體制？

中國政府選擇了一個讓港人瞬間緊張起來的方法。對於一直以來在思想上都享有無限自由的當地人而言，這或許是最有效的馴服方法。回歸後，港人得隨時審視自己，再加上二〇二三年七月，更可怕的《反間諜法》也生效了。

當個人在說話時，若會意識到政治權力或大眾權力，就表示言論自由早已消失得無影無蹤。緊張狀態持續久了，就不會再感到緊張，而是會認為這就是日常生活，人和動物都是這樣被馴服的。

第十五章

消失的香港

香港現今已然成為中國的一部分，二分法的共識更常出現在香港人的眼前和耳中，其身分認同也將重組。

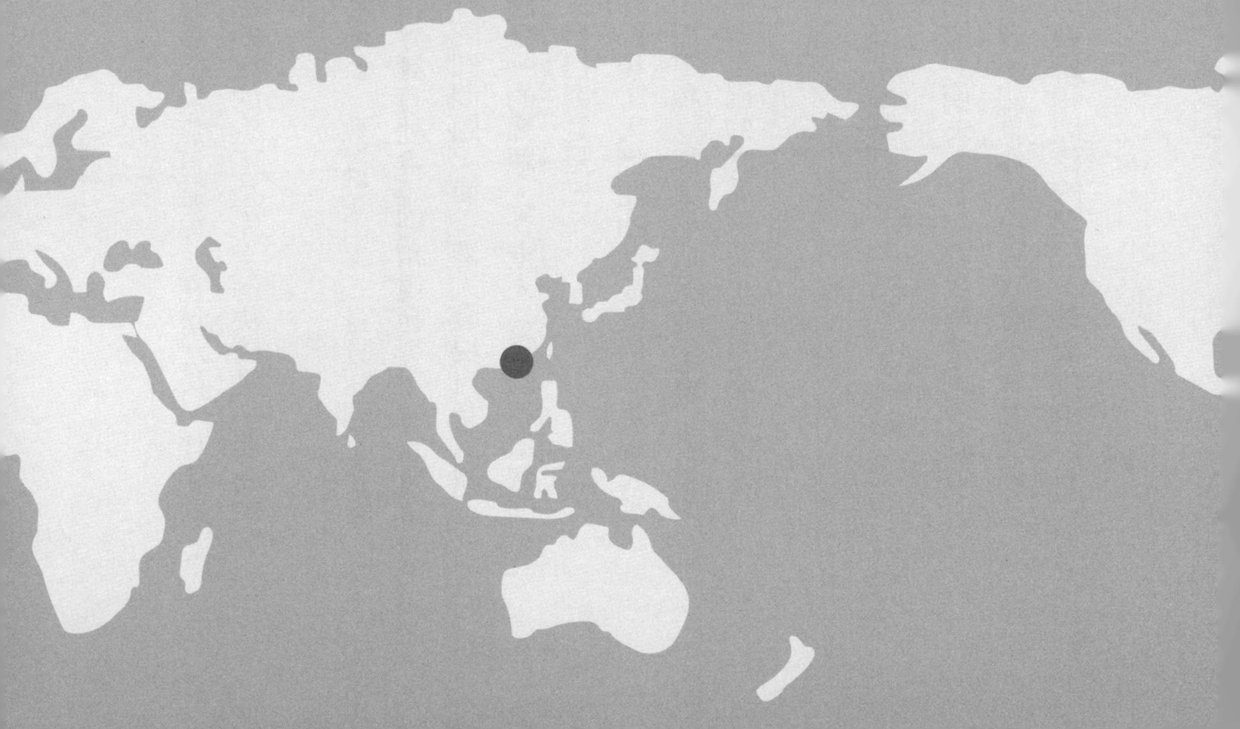

無論是個人與個人、地區與地區、國家與地區，意識衝突無可避免。在這之後，伴隨而來的就是戰爭、分離、解體，然後夢想再次整合。政治的目的竟不是完全解決動亂，而在於重組紛爭，意識衝突也是如此。

政治學家法蘭西斯・福山（Francis Yoshihiro Fukuyama）教授點出：「身分認同是在區分『內在自我』和『外部世界』的過程中成長。外部世界擁有社會規則和規範，不會充分認定內在自我價值。」一九九七年香港回歸，刺激了身分認同問題，使香港人發現自身意識。中國政府在每件事情上，都向香港人提出「你是誰？」的議題。香港人為了回答這個問題，開始一點一滴思考自己的風格為何、有什麼價值、自己究竟是誰？

本來沒有政治環境的香港，正在發生變化。香港回歸後，人們開始關注政治，燃燒起欲產出政治的意志。港人的政治認同隨著抗議次數茁壯，而這種意識又形成其他示威。香港的身分認同正跟著抗爭一併重組，但這次不同的是，他們對自己的意識型態早已超過限度。

《香港國安法》草案胎死腹中

為了理解香港，需要先了解中國。對於關心香港問題的朋友，有句話我經常反覆說道：「不要只是站在香港的立場，也要站在中國的立場上思考！如果你是中國政府，會怎麼做？如果你是習近平，會答應港人的所有要求嗎？」正確的判斷和廣泛的理解，都要付出努力才能得到，我們都有義務至少檢視一次中國的立場。

一九七六年毛澤東去世，文化大革命正式結束。想當然耳，當時中國的國家體制非常脆弱，中國共產黨的權威早已一落千丈，似乎已禁不起任何人刺激，因此緊接著，無法抗拒的改革開放的狂風襲來，中國政府對外毫無防備之力。

改革開放後，中國政府一直堅持韜光養晦，即忍耐並等待。鄧小平一有機會就強調自己的座右銘，他下定決心不直接與以美國為首的外部勢力對抗，而是先培養力量、維持安定。鄧小平深知中國在近現代所遭遇的痛苦，故而最高標準是避免十億人口的國家陷入混亂。有傳聞稱，鄧小平在六四天安門事件爆發時曾表示，可以犧牲兩百萬人。

「要允許一部分人先富起來」的先富論，是出於必須盡快將中國穩定下來的迫切心情。中國近代任由強國擺布，他發誓不會重蹈覆轍，因而把國家和民族當作目標和手段。

不知從何時起，中國已然成長為可以跟美國霸權分庭抗禮的國家，不，也許是由於美國變得弱小的緣故。如今中國變成僅次於美國的世界第二大經濟體，其中心就是中國共產黨。這表示，中國可以與美國爭奪世界主導權。習近平上任後，「韜光養晦」已成過去式，獲得自信的中國共產黨不再伏低做小，也不再有所等待。

中國推動的一帶一路政策，是將世界以「一帶」和「一路」串聯起來，試圖對抗美國和西歐的「（新）帝國主義」，他們相信，這才是保護東亞，乃至世界弱小國家的方法。不管是出自於防禦還是攻擊，以美國為首的西歐各國，勢必不會坐視中國氣焰囂張而不顧。為了維護自身利益，美國必須牽制中國。至於方法可概括為三種：

首先是人權。美國在人權議題上總認為自己就是準則，所以時常批評中國的人權問題。對此，中國政府要求美國政府先管好自己。

第二，臺灣問題。美國自國共內戰起便高度介入，在國民黨撤退到臺灣後，美國一直把臺灣當作牽制中國的手段。最近，臺灣也在強調自身認同感——「臺獨」輿論正在高漲，與此同時，中、美在臺灣議題上的角力日益升級，正在形成另一個戰場。

第三，西藏、新疆等少數民族議題。中國是由多個民族組成的國家，在保障自治權的同時，也堅持長期推動同化政策，不過也有許多呼聲要求獨立。

現如今又多了一個香港。中國政府始終防備香港可能會成為牽制中國、顛覆中國共產黨的手段和方法，且不容許它成為西方世界威脅中國的新籌碼。果不其然，西方勢力開始從香港人權、民主，甚至「港獨」下手，以此來招惹中國。從中國的立場來看，一旦香港動搖，西藏、新疆、內蒙古等地就會受到連動影響，國家分裂只是時間問題，換言之，中國的國家認同正面臨千鈞一髮的危機。

不僅如此，中國政府覺得，在近代史上徹底動搖中國秩序的基督教，仍虎視眈眈。就像鴉片戰爭爆發的原因之一是基督教傳道，香港一直以來都是西歐基督教勢力擴張的基地。二〇〇二年五月，香港基督徒向福建省一帶的地下基督教組織，提供三萬三千多本《聖經》一事被揭發。另外，還有港人因在中國設立地下教會被判處死刑，後來，在香港與美國政府的關切、國際人權團體的呼籲下，才保住了性命。

中國政府和美國等西方勢力將宗教自由作為另一個爭論焦點，持續展開較量。中國政府對（擁有西方思想框架的）基督教在民間迅速傳播一事並沒有放鬆警惕，美國將其定調為宗教打壓，時不時在國際輿論上提起。

最大的顛覆國家政權團體——法輪功，讓中國政府傷透腦筋。法輪功於一九九九年被中國定為邪教，卻在香港將中國共產黨妖魔化，並試圖推翻中國政府。二〇〇一年，香港保安局長曾表明，他們正在密切關注法輪功的動向。法輪功在香港合法登記後，進行反中行動。同年五月，香港政府曾試圖制定《邪教法》，卻因輿論反對而撤回。

最重要的是，在回歸之後，香港本土主義勢力以民主之名迅速壯大，抗議規模也日益擴增，世界輿論更日漸惡化。煽動香港獨立的境外勢力對此興高采烈，所以中國政府也決定不忍了。在回歸五年後的二〇〇二年九月，香港政府根據《香港基本法》第二十三條著手建立《香港國安法》。其規定如下：

> 香港特別行政區應自行立法禁止任何叛國、分裂國家、煽動叛亂、顛覆中央人民政府及竊取國家機密的行為，禁止外國的政治性組織或團體在此進行政治活動，禁止當地的政治性組織或團體，與外國的政治性組織或團體建立聯繫。

二〇〇三年初，香港政府頒布《香港國安法》草案，決定在七月的立法會議上進行表決，但馬上遭到反彈，七月一日，有五十萬人參加示威行動。由於經濟不景氣、失業問題、公寓價格暴跌等，引發許多民怨，再加上《香港基本法》第二十三條的爭議，造就這場回歸後的最大抗議活動。這是繼六七暴動之後最劇烈的反政府示威，也是繼支持六四天安門事件後，規模最巨的一次抗爭。抗議人群要求撤回該法，以及要求行政長官下臺。

看到抗議人潮擠滿香港市中心，當地人自己也大吃一驚，身分認同將永遠消失的危機感，觸發人們的共鳴。九月，香港政府撤回《香港國安法》草案，在此次對決中看似是香港市民占上風，但對中國政府而言，最後獲勝的才是贏家。雖然不知道最後是指何時，不過中國國家主義和香港本土主義之間正在等待絕處逢生的機會。

中學生不再政治冷戰

就像所有的共同體，國家亦然，無法擺脫意識型態和權力。如果不向國民持續灌輸國家的概念，便無法存續，這就是為何始終都要進行國民教育的原因。在中國政府眼中，香港是脫韁野馬，故而現在需要轠繩——即「你們是偉大祖國國民」的意識。為了取代香港的身分認同，政府加快國民教育改革步伐，以建立國民認同感。

二〇一一年五月中，香港政府公布將「德育及國民教育科」作為中小學必修課的計畫，並舉行公聽會，二〇一二年至二〇一四年是示範科目，二〇一五年起將成為義務教育。二〇一一年五月底，香港中學生首先站出來反對。他們組成「學民思潮[63]」（Scholarism），並引用村上春樹說過的話：「以卵擊石，在高大堅硬的牆和雞蛋之間，我永遠站在雞蛋那方。」

這是香港歷史上首次有中學生登上政治舞臺，學生既是市民，也是「學民」，應該盡到象徵民主和科學的義務。學民思潮開始高喊「反對洗腦教育」、「守護思想自由」等口號，其領導人就是（後來成為香港民主化運動象徵的）高二學生黃之鋒（Joshua Wong）。他高喊：「為了我們，為了下一代，不能成為中國想要我們成為的那種人。」以反對國民教育為目標成立的學民思潮，在五年後的二〇一六年四月，變成香港政黨「香港眾志」。

二〇一一年七月，學民思潮參加「七一遊行」，要求撤回國民教育。隔年三月，透過示威、街頭運動、記者會等，再度要求政府撤回。五月十三日，數萬名中學生參與示威，到教育局抗議。七月二十九日，加入民間反對國民教育的聯盟，一萬人打著「全民行動、反對洗腦」的口號，參加抗議行動。家長們也組成「國民教育家長關注組」，展開抗爭，接著，香港教育專業人員協會、香港專上學生聯會、民間人權陣線等，組成「民間反對國民教育課程大聯盟」。

八月三十日，開始「一人一信救香港」運動。六千人寫信給他們的母校和子女的學校，

63 編按：一個已解散的香港學生政治社會運動組織，主張透過社會運動改變政治體制。

反對推行國民教育，家長也參與占領政府大樓的行動。九月七日晚間，有十二萬人參加集會，要求取消國民教育課程。九月八日，行政長官終於宣布讓步，暫緩實施三年，並委由學校自行決定。從頭到尾引領示威的黃之鋒，將其稱為歷史奇蹟。

值得關注的是，中學生站在政治第一線，成為往後香港抗爭的動力。先是由學生出面，而後是家長們支援，接著是香港所有進步派勢力團結一致。香港的民主派獲得第二次勝利。香港本土主義雖然產生自信，但中國國家主義的危機感卻大幅上升，雙方的對立正在增強。

雨傘運動，我要真普選

根據《香港基本法》，香港特首的任期為五年，由選舉委員會間接選舉產生後，再由中國政府任命。在六十席的立法議員中，有三十位議員是直選，其餘都是透過間接選舉產生。港人對該條款非常不滿，他們認為，這是與高度民主意識背道而馳的有毒條款。香港回歸後，要求直接選出行政長官和立法會全體議員的呼聲越來越高，但在二〇〇四年四月，中國全國人大常委會對香港的命運做出以下決定：

修改香港選舉法要先得到北京的同意。香港特區行政長官未經全國人大常委會批准，不得擅自修改現行選舉法，香港的立法會也不能為選舉改革進行任何立法。

對於重視香港認同感的本土派來說，這是非常悲傷的消息，這也使得二〇〇七年行政長官直選，和二〇〇八年立法會所有席位直選的可能性完全消失，他們強烈批評此舉違反一國兩制。二〇〇五年十二月，二十五萬名港民抗議，要求盡快推進民主化。根據二〇〇七年香港民意研究所的調查顯示，一半以上的港人贊成直接選舉。該年全國人大常委會也確定香港直選時間，並承諾二〇一七年行政長官和立法會議員會全部由人民直選產生，然而這個諾言並沒有實現。

二〇一四年六月，中國國務院新聞辦公室發表《「一國兩制」在香港特別行政區的實踐》白皮書，該書以七國語言發布，是中國政府為了因應當時充滿民主化熱潮的香港政壇局勢，也是關注香港社會在回歸十七年來其國家認同變化所得出的結論。

該文件整理出中國政府對香港的主張，其重點內容如下：

- **中央政府對香港擁有全面統治權**
  - 全國人大常委會保有對《香港基本法》的解釋權、特區行政長官和立法會通過的修改辦法決定權、對香港緊急狀況的決定權。
- **貫徹一國兩制方針**
  - 香港的一國兩制實踐面臨新情況、新問題。
  - 香港社會仍然有人無法適應一國兩制的重大歷史轉變。

- **高度自治權由中央政府授予**

—高度自治權是中央政府賦予多少，香港才能享受多少，由於是地方事務管轄權，所以不存在剩餘權力。

—兩制在一國之內，一國和兩制絕對不是同等。

- **愛國者是主體，「港人治港」**

—特首、主要官員、行政會議成員、立法會議員、各級法官和其他司法人員等，應承擔起維護國家主權安全等職責，愛國是基本政治條件。

—愛國者統治香港也有法律依據。

- **以普選產生的特首必須是愛國人士**
- **防備境外勢力利用香港干涉中國內政**

—香港長期累積的深層矛盾日益突顯。

—防範和制止少數人勾結境外勢力進行干擾和破壞。

簡言之，**《香港基本法》的最終解釋權不在香港，而在中國**。白皮書還提到，**一國先於兩制，只有愛國者才能成為領導人**，以及警告干涉香港問題的境外勢力。現在看來，這是中國政府事先亮出今後會打出的牌。

香港知名政治評論家林和立將其定義為習近平對《中英聯合聲明》和《香港基本法》的

修訂版，他還說，白皮書的解釋違背了鄧小平的本意和國際精神。代表香港的社會運動家林輝也反駁道：

「什麼是愛國，這是香港長久以來的議題。社會上普遍認同的愛國，並不是愛政府和愛黨，尤其愛國的『國』指的是文化中國或民族中國，而不是中國共產黨。中央政府希望受人民愛戴，但有些事強求反而造成反效果。」

然而，後來卻傳出更令人絕望的新聞。二〇一四年八月三十一日，全國人大常委會發布《關於香港特別行政區行政長官普選問題和二〇一六年立法會產生辦法的決定》（通稱八三一決定），撤回原訂於二〇一六年至二〇一七年實施的香港政治體制改革方案，維持原來的間接選舉方式，及一千兩百名選舉委員會，委員會只能選出二至三名候選人，且參選人必須得到半數以上的委員支持。

換言之，就是一點都不允許香港民主化。這讓香港人自一九九七年起，十七年來迫切等待直選的願望化為泡影，而此決定引發占領香港市中心的抗議行動，即「雨傘運動」。二〇一四年九月二十六日至十二月十五日，連續七十九天占據香港市中心、展開爭取直選的運動，為了防止警察噴灑催淚瓦斯而出現雨傘，因此外媒記者們將其稱為「雨傘革命」。

「運動」和「革命」的區別為何？有人說這是雨傘運動，也有人說是雨傘革命。其實不論成功與否，是以其反抗程度來命名。抗爭活動最終黯然落幕，沒有得到官方的任何承諾，香港人對此也感到十分遺憾。

當時，整個香港都處於垂頭喪氣的低氣壓中。當我（為了聽取他們的內心話）提及雨傘運動，香港朋友以搖頭來代替回答。往後該如何是好，這樣的挫敗感像烏雲般籠罩著香港的天空。我想，大概就是那時決定了香港的未來。

二〇一九年香港進行反送中抗議時，韓國電影《正義辯護人》、《我只是個計程車司機》、《一九八七：黎明到來的那一天》等，接連在香港上映。韓國各大學入口也出現支持香港民主化示威的舉動，例如抗議、藍儂牆[64]等。在這些行動中，韓國學生與來自中國的留學生發生意識衝突。

那時，我為了親眼目睹示威現場飛往香港。之前認識的電視臺記者待在家裡不敢出門，他傳給我一張假的人民解放軍開著坦克進入香港的照片，叫我不要隨便亂跑，香港人的危機意識就是如此強烈。我說服他一起去抗爭現場看熱鬧，他拿著兩把傘出現。

香港市中心擠滿年輕人，他們身穿象徵示威的黑色衣服、手持雨傘。這與我之前熟悉的香港形象截然不同，看著抗議人群在夜裡遊蕩，我覺得他們既沒有領導者，也沒有目標。如果用一句話來形容，那就是虛張聲勢。看著這些漫無目的的群眾，不安感逐漸襲來，同時我認為，這也可能是香港警察的無作為行動。

第二天，我獨自一人靜靜觀察被抗議人潮占領的市中心。我分析香港那麼多年，對路邊連一輛車都沒有的場面感到陌生。地鐵站周邊的道路上，滿滿都是教授們為拒絕上課的學生所準備的免費上課帳篷。示威隊伍占領政府大樓前方，與警方對峙。

值得注意的是，親中國－親政府派系的示威人潮也占領政府大樓的另一側。我看到那裡有很多中國各地同鄉會的橫幅，這表示香港的認同感內部正在形成複雜的戰線。那裡以街頭商會、旅行社、房地產團體、各學校同學會、各地區同鄉會、宗親會等組織為中心，結合許多中國認同感。我也曾參加過每年七月一日在維多利亞公園舉行的集會，在要求民主化的抗爭人潮周圍，正在形成公開譴責抗議群眾的親中國－親政府派系隊伍。

無論是哪個國家政府，最常使用的統治方法正是拉幫結派，也就是所謂的政治認同。有時以意識型態，有時則以現實利益為誘餌，引誘並威脅中間派。國家並不會提出我們應該考慮的各個面向，而是著重於「樹立國家自尊心」或「經濟才是關鍵」等。唯有如此，才能造就出站在自己這邊的人。

民主是身分認同，生意是實際利益，理想很遠，現實很近，很多人需要維持生計。在雨傘運動當時，對占領香港市中心的抗議人群而言，最痛苦的莫過於遭受現實派的指責：「你們害得我快沒飯吃。」不僅計程車司機們感到不滿，就連需要乘坐地鐵的上班族們也提出抗

64 作者按：這是以披頭四樂團成員約翰．藍儂的名字命名的牆。二〇一四年香港雨傘運動時，政府中央大樓的階梯上曾有藍儂牆，貼滿訴求香港民主化的便條紙，當時在韓國的大學街上也有出現。

議。因催淚瓦斯而無法營業的店家，也是越來越無奈。

要求直選的雨傘運動無疾而終後，香港人開始成為履行社會責任的市民。認知到團結力量的重要性後，同業間逐漸凝聚起來，興起組織各種協會的熱潮。在了解到要透過政治實現民主化後，所謂的「傘後組織」陸續創建，例如：香港民族黨、香港眾志、青年新政、香港列陣、香港市民黨等。

此事件之後，重視香港認同感的本土主義紛紛進入各大學。香港大學學生會雜誌《學苑》（Undergrad）在九月特輯中探討「香港民主獨立」。部分學者批評，強調香港意識的內地主義是民粹主義（迎合大眾潮流）。有人則指出，這是拉黨結派的政治認同。

我們要警惕的是，有些既得利益者寄生於強調身分認同的邏輯中，他們總是在「同類人」下，將自己的利益最大化。被稱為「本土勢力」（精英、鄉紳等）的統治階級，無論是在回歸前後，都守護著自身利益，不受影響。但筆者認為，香港本土主義的飛速發展，與其說是本土勢力的把戲，倒不如說中國需要負更大的責任，因為這是他們過度否認香港身分認同所產生的反效果。中國簡化且扭曲港人提出「承認差異化」的要求，後者因而深感委屈。

二〇一四年九月，《學苑》指出，並非所有的本土派都主張「香港獨立」或是「與中國分離」，並批評中方不分青紅皂白的出賣港人、扭曲事實，其內容統整如下：

- 城邦派[65]（city state camp，要求城市國家地位、建立華夏聯邦[66]）、自治派[67]、歸英派[68]、港獨派[69]、左翼解殖派[70]等，各自都有追求民主的方法。

- 並非所有人都主張香港獨立或與中國分離。
- 香港的《文匯報》和《大公報》等中國共產黨代言者卻總說，所有本土運動都是香港獨立運動，將所有本土意識稱為分離意識，將所有本土派稱為香港獨立分子。
- 將守護家園、爭取直選的舉動全部扭曲成香港獨立。

其中，在中國眼皮子底下，主張香港自治的「城邦派」出版過許多書，做出許多公開舉動，絲毫無所顧忌。雨傘運動結束後，我為了聽取城邦派的想法，曾見過他們的領導階層。當時他非常消沉，對話中反覆強調自己並不是要求完全從中國獨立，而是希望能像現在的歐

65 作者按：又稱城市國家派，也被稱為修憲派。承認《香港基本法》和「一國兩制」，要求香港民主發展和自由人權的普選。由於標榜守護中華傳統文化的保守主義，被歸類為右派或極右派。
66 作者按：華夏是對古代中國的稱呼，也是漢族的別稱。他們的目的是要建立廣泛的漢族國家聯邦。
67 作者按：要求在中國主權下永遠自治，將西班牙巴斯克地區和英國北愛爾蘭地區的關係作為研究重點。
68 作者按：即回歸英國統治的派系，希望脫離中華人民共和國，成為英國海外領土的一部分。他們認為，從一九九七年主權回歸後的情況來看，一九八四年的《中英聯合聲明》無效，中國已經違反國際法的精神。
69 作者按：主張香港獨立，認為香港人是一個獨立的民族，是極左派，希望獨立於英國和中國，在二〇一六年成立「香港民族黨」後開始受到關注。
70 作者按：又稱香港社會主義，希望組織勞工階級建設社會主義世界。由於中華人民共和國的貧富差距已經達到世界最高，所以他們將中國定為由資本家支配的獨裁體制。

盟一樣，建立一個充分認定各地區（國家）認同的都市國家聯盟。不僅如此，聽說他們為了不失去中華民族意識，還會穿著中國傳統服裝定期舉行祭祀。

二〇一五年一月發行的《學苑》，刊登題為「民族、民主、雨傘革命」的特輯。他們吐露出自己將成為「最後一代香港人」的危機感，同時還評價說，雨傘革命成功彌補香港三十年來民主化過程中缺乏的身分認同感，不是中華民族，而是香港民族和民主的結合，才得以擺脫中國政府始終強調的（新）民族主義。他們的訴求是，要求中國認定香港民族的誕生。

就像學術界發生激烈爭論一般，各大學學生會也針對時局的了解和示威方式進行劃分。一如既往，在分化意識型態時，名和利再次成為重要標準。中國的民主化會決定香港的民主化，那麼，是該要求中國民主化，還是從現實角度出發，大力推動香港民主化？

香港中文大學學生會沒有參加要求中國民主化的「六四燭光晚會」和「七一遊行」。如今，民主化抗議人潮已經塞滿足球場或街道。當中國國歌〈義勇軍進行曲〉響起時，人們發出噓聲，當中華人民共和國國旗升起時，人們會轉身背對，甚至還出現排斥中國觀光客和消費者的舉動。從二〇一五年起，到處都有威脅中國代購商的快閃示威，最終政府只好限制中國觀光客每週只能出入香港一次。

二〇一六年，在香港庶（貧）民街——旺角——發生了魚蛋革命，警察和抗議群眾爆發嚴重衝突。賣魚蛋的小販在抵抗警察時，附近老百姓也一同參與，結果導致後續的街頭縱火和朝警察丟石頭等。民主化運動的方向，現在似乎明確被設定成暴力革命。表面上看來，這是對警方和政府的不信任和憎惡，但仔細觀察就會發現，由於上次雨傘運動時政府沒有作為，因此此次人民決定宣洩出之前積累的不滿。

二〇一六年立法議員選舉時，出現新的口號「光復香港、時代革命」。在二〇一九年反送中的抗爭活動中，這成為抗議隊伍的正式口號。使用光復或革命一詞，不正是代表香港的危機意識達到頂點嗎？中國國家主義和香港本土主義雙方的意識都越來越強，而後者內部的身分認同也正在重組。

守護香港反送中

二〇一八年二月發生了一起重大事件，不，也許這只是一起單純的殺人案。當時，任何人都沒想到這起案件會帶來如此大的後果。一對香港年輕情侶到臺灣遊玩，男子卻在殺害女子後，獨自回到香港。後來，男子用被害者的卡片在臺港兩地提款，甚至打電話給其父母，謊稱女子失蹤。警方調查後逮捕該名男子，他承認是因為女友懷著前男友的孩子，一氣之下才會殺害她。

由於事件不是發生在香港，而是臺灣，再加上香港為屬地主義，因而無法處罰港人在其他國家所犯下的罪行。按照慣例，罪犯會被遣送回國制裁，但香港和臺灣之間並沒有引渡犯人協定，因此最終該男子僅以竊盜罪起訴，被判刑二十九個月。二〇一九年十月，該名男子刑滿釋放。

香港政府宣布男子重獲自由的那刻起，他表示將去臺灣自首，不過臺灣政府並未同意，而是要以犯人身分押送。其中最大的問題是，中國和臺灣互不承認對方是國家。

香港是隸屬於中華人民共和國的特別行政區，不能與其他國家簽訂協定，再加上後者不承認中華民國（臺灣）是國家，因此，未能進行個別協商。

一直以來，這些漏洞使得香港成為國際情報戰的中心，中國、香港、臺灣也分別從中受惠。本來香港是情報天國，同時也是各國為了蒐集中國、臺灣和世界情報，派遣最多情報員的地方。由於兩岸三地（中國、香港、臺灣）沒有簽署「罪犯引渡協定」，因此在香港活動的情報員可以隨意蒐集情報後，再回到中國和臺灣，彼此都不用擔心遭受處罰。

此次事件成為契機，司法界也提出各種解決方法，像是「先制定只適用於本次案例的暫時特別法再說！」、「根據現有法律，跟香港人有關的犯罪也能由香港法院審理。」、「修改《侵害人身罪條例》，賦予香港法院治外法權！」

香港政府以原則和現實為由，拒絕接受上述這些建議。自二〇一九年四月起，香港政府開始審議《逃犯條例》。有報導稱，立法會正在討論此事，消息一傳出，香港社會對此感到前所未有的憤怒。之後，人們在市中心進行超過六個月的激烈抗爭，這是世界歷史上非常罕見的情況。

繼二〇一四年的雨傘運動之後，二〇一九年「反送中運動」使香港再次受到全世界關

然有其必要，犯罪要追根溯源，犯人自然也要受到懲戒。犯罪後只想逃跑是不對的，而這也是各國間之所以簽署罪犯引渡協定的原因。據說，長期居住在香港高級飯店的人當中，有許多人是必須被引渡到中國的罪犯。不僅如此，時常可以看到新聞報導說，香港是中國高層或犯罪勢力藏匿處。

聽說香港中環有一座被稱為「望北樓」的建築物，這是指在中國「闖下大禍」後，逃到香港、觀察北方動態的犯罪分子所居住的高級飯店——四季酒店，裡頭主要住著中國商界的巨頭。何止那家飯店，他們也會入住其他位於中環的高級飯店，並在此觀察北京當局的氛圍。那附近有各種金融機構，方便洗錢，發生緊急情況時，還可以躲到鄰近的外國領事館，因此才會有此名稱出現。不過，現在這樣的希望已消失，人們便嘲笑他們說，那是「北無望」。由於香港和中國並沒有罪犯引渡條例，才會使得當地成為犯罪者最好的避難所。

從目前中國、香港、澳門與臺灣之間的情況來看，應該要盡快簽訂罪犯引渡協定，但如果你是香港人或臺灣人，會輕易同意嗎？反之，若真的同意了，又會發生什麼事？

至於，香港人為什麼如此拚命反對《逃犯條例》？是因為有可能被帶到中國審判，還是雙邊的司法制度各不相同？不，是無法相信中國的司法體系。正如前面所言，香港和中國是兩個完全不同的社會。

若說香港是法治社會，那麼中國就是人治社會。若說香港是合理運行的近代社會，那麼中國便是還存在很多不合理之處的前近代社會。從人氣演員范冰冰因稅務問題一度消失在公開場合，以及世界富豪馬雲因公開批評當局而付出代價……或許就能一窺中國的現實景況。光看死刑制度就能知道，香港在一九九三年廢除死刑，而中國政府現在仍在執行，說不定還是世界上執行最多次死刑的國家。因此，香港人光是想像可能會因犯罪嫌疑而被引渡到中國，別說是審判，就連調查都難以忍受。

前述提及的書店相關人員失蹤事件也是如此。港民光天化日之下，被綁架到中國接受半年的調查，本應保護人民的港府，許久都沒有發表任何意見，也沒有採取任何措施，這要港人怎麼相信香港政府及中國政府？又如何能接受被（正式）遣送到中國的《逃犯條例》？

再深入審視，這其實是源自港人根深柢固的不信任。從一九九七年香港回歸後，二十年來，中國政府無法取得當地人的信賴。即使雙方政府承諾不會將香港的政治犯引渡到中國，他們也無法相信。人民對中國政府的信賴度越來越低，這不僅是「中國－香港體制」的最大詬病，也是港人新的成長環境。

二〇二一年十一月，在臺灣的金馬獎電影頒獎典禮上，未能在香港上映的紀錄片《時代革命》榮獲最佳紀錄片獎，該部片記錄反送中示威的過程。導演表示：「希望這部作品，是屬於每一個有良知、有公義，為香港流過眼淚的香港人。」金馬獎主辦方介紹電影時指出，二〇一九年《逃犯條例》像是打開潘多拉的盒子，並在一夕之間成了抵抗獨裁政權的戰場。

民間人權陣線（Civil Human Rights Front）引領反送中運動。該組織於二〇〇二年成立後，由學生會、地區團體、勞工團體、人權團體、性少數者組織、政黨等四十八個市民團體組成，可以說是香港進步派全體出動。如此看來，反對《逃犯條例》的抗爭是除了名和利之外，另一個香港認同感的分歧點。在二十個月內，有一萬人被捕。

雖然政府撤回《逃犯條例》，但後續沒有再接受其他要求。二〇二〇年初爆發新冠肺炎，該年六月，中國政府公布等待已久的《香港國安法》，而香港歷史在該法發布的那一天再次被劃分。根據該法，**世界上任何人都是潛在的國家顛覆勢力，只要隨意談論香港問題，都有可能被抓。**

從那日起，香港的政治示威消失了，港人在臉書（Facebook，現已改為Meta）等社交平臺上，變得相當安靜，即使斷言將永遠看不見香港的政治抗爭也不為過。根據《香港國安法》規定，企圖分裂和顛覆香港的所有活動都會受罰，這是中國政府的最後一張王牌。因此，很多人認為，**《香港國安法》象徵著一國兩制和保障五十年內香港自治權的承諾，通通被打破。**

二〇二一年六月二十四日，創刊二十六年的《蘋果日報》停刊。雖然是自行宣布停止發行，但事實上，應該是被當局停刊。在短短幾天內，總編輯和主編被逮捕、公司資產遭凍結等，使得經營變得困難。權威網路報紙《立場新聞》以「蘋果消失的香港」和「紅線降臨到所有港人身上」為題，報導此事。平時發行八萬份的《蘋果日報》，當天更是狂銷一百萬份，日本《產經新聞》特地在頭版用中文發表題為「朋友、蘋果，等你回來」的報導。

宣布《香港國安法》，象徵著整個過程的失敗，但我不想只追究中國政府的責任。我之所以寫這本書，是為了說明統一（整合）不同意識的過程有多麼困難。香港的歷史，即英國與香港、中國和香港，濃縮後展現出身分認同感的歷史，從這一點來看，香港的歷史非常特別。

元朗白色恐怖，警方知情不作為？

二〇一九年七月二十一日，又有一起震驚社會的案件，當時反送中示威正持續一個多月左右，在新界元朗地鐵站發生恐怖攻擊事件。新界以鄧氏和文氏為大宗，世代從事農業、漁業、製鹽業等，元朗則是新界西北部的地區，距離香港市中心大約二十公里至二十五公里，是一座有二十萬人口的小城市。

香港島和九龍半島永久割讓給英國，而新界地區則是被英國租借九十九年。這地區的認同感非常強，打從一開始就不肯乖乖接受英國或日本的統治。一八九八年六月，中、英雙方為了處理新界問題簽訂條約，但新界人民激烈抵抗，六天內死了五百人。此後，香港政府也認可鄉事委員會[71]（Rural Committee）等新界的傳統自治體系。

該事件發生在七月二十一日晚間十點，地點是在地鐵站及周邊購物中心，約莫三百名身穿統一服裝的武裝分子，手持武器，不分行人、示威人潮或乘客，進行隨機攻擊。由於他們穿著白色衣服，所以又被稱為「白色恐怖」。這起事件至少造成四十五人住院，後來有三十七人被捕、七人遭起訴，其中大部分是香港黑幫成員。

警察在那一個半小時的時間內，對暴力事件置之不理。從平時香港警方迅速的應對能力來看，不得不讓人懷疑他們是不是故意放任不管，甚至有人稱，事發前一天已經收到警察朋友的警告，叫他們要小心。也就是說，警察早就知道此事，這是預料之中的恐怖事件。

當時，市中心仍被反送中的抗議人潮占據，另一方面，由贊成《逃犯條例》的親中派所發起的「守護香港」對抗集會規模也不小，到處都有示威人潮和反對抗議的市民發生衝突。阻止地鐵行駛而擋住車門的抗爭者，和希望乘坐地鐵的市民爆發激烈爭吵，整個香港成了國家認同和現實利益對峙的現場。

隨著示威時間變長，香港的內部矛盾也正在擴大。政府把事件原由導向香港本土派和親中派的紛爭，甚至有輿論懷疑，白色恐怖是不是想增添反送中的恐怖氛圍，而刻意為之的舉動，不過該事件反而造成更大型的抗爭。

白色恐怖被認為是中國政府因震驚香港民主示威活動，而與保守的新界鄉紳及黑社會組織共同引發的事件。恐怖襲擊發生的十天前，也就是七月十一日，新界地區十八個鄉事委員會舉行成立儀式，而中國駐香港代表機構「中國聯絡辦公室」（簡稱中聯辦）的新界業務部

---

71 編按：香港新界鄉村諮詢組織，合計共有二十七個鄉事委員會共同組成新界鄉議局，是香港特區政府諮詢新界民意的法定組織。

長到場發表賀詞。他不僅要求新界的鄉紳勢力阻止香港本土派示威人潮進入元朗地區，還補充道：「愛國愛鄉的村民們不會坐視不管。」

白色恐怖事件體現出香港內部複雜的認同感版圖。中國政府透過駐港的《新華社》清楚知曉這點，不同的意識型態只是「迫不得已」一起生活罷了。

再者，從中國那裡獲得經濟益處的階層與中國的關係互為連結，如此看來，經濟益處與身分認同的形成有著密不可分的關係，但前者並不足以支配後者。

傳統上，新界是中國意識鮮明的地區，底層意識也與眾不同。中國政府透過各種親中組織，即宗親會、同學會、同鄉會等，試圖淡化香港意識。從整體上看，這是地區認同跟國家、民族認同發生衝突所致。

以結果而論，香港人自身缺乏理性學習過去歷史經驗的努力，他們過分執著於香港的地區認同，即民主和獨立等名分，因此付出慘痛代價。他們已經交出許多的自由，若想重新找回，就需要經過很長的時間。

中國政府一直緊盯著香港地區和階級意識，他們從很早便大力支持剛移民到香港的「新移民」傳統愛國團體。至於中國聯絡辦公室新界業務部長的賀詞，只是稍微透漏中方的希望事項，目的就是挑撥新界和市中心的示威者。

中國政府利用新民族主義一代，也就是所謂的N世代[72]，進行政治認同。他們在國家和民族主義日夜灌輸的環境下成長，滿腦子都是「必須守護中國（政府）」的熱血使命。

表現出極端民族主義傾向的青年世代，扮演著守護國家和中國共產黨的新紅衛兵角色。眾所周知，全世界任何人只要批評中國，他們就會透過抵制運動或網路攻擊（洗版、駭客等）進行懲罰。當然，面對香港的小議題，他們也絕不懈怠。

攻擊要求民主化示威者的白色恐怖事件發生在新界，其地理位置上更接近中國，而非香港。該地區擁有「盆菜[73]」的獨特飲食文化，也顯示他們非常重視傳統。在香港，不同地區和階級，對示威的分歧看法相當顯著。

▲ 香港歷史博物館展示新界地區傳統飲食「盆菜」。

72 編按：指一九九五年以後出生的孩子。N代表 new，也是 net 的意思，所以又稱網路世代。

73 作者按：顧名思義，是在像花盆一樣的大盤子裡層層堆放各種海鮮和肉類，多人一起享用的料理。這是香港新界元朗地區的客家村風俗。

內部殖民，容不下他人

香港的身分認同存在一個致命的弱點——內部殖民，是指剝削內部窮人和弱者的結構，這是由於香港是以殖民主義和資本主義雙重制度運行的社會。不是由「我們」，而是由別人成為我們的主人，再加上香港式的尖端資本主義並沒有克制人類無止境的欲望，進而造成世界上最大貧富差距的社會。

據二〇二〇年香港貧富報告顯示，貧窮人口達一百六十五萬人，整體貧窮率為二三・六％，也就是說，每四人中就有一人屬於極端貧窮者。

元朗白色恐怖事件也透露香港社會的地區和階級分化顯著。魯迅早在一九二七年就看透香港社會，說：「香港雖只一島，卻活畫著中國許多地方現在和將來的小照。」他還說，香港社會由西方主人、高等中國人、走狗、原住民等人組成，看穿了被殖民的香港是徹底分裂的社會。令人惋惜的是，一百年後的今天，這點似乎也沒有太大的變化。

我的香港朋友中，很多人一次也沒去過香港最低廉住宿和犯罪熱點的「重慶大廈」。從某種角度來說，這是香港人被殖民的警戒表現：**無法容納少數人，而是視為他者**。在英國殖民之下培養的優越感，構成港人意識的一部分，當他們將內部的少數族群等底層族群視為他者時，就會強化其優越感。

香港式資本主義必然會打造出殖民地的特徵和資本至上的認知，香港也已經準備好形成世界上最嚴重的貧富差距。此後，廣大的底層族群是香港社會最具威脅性的存在，也是脅迫自由和法制等香港優良傳統的因素。此外，未能形成市民階級，也是香港在回歸過程中或之後，社會發展本土主義時的最痛處。試問，關於貧富差距和市民排斥窮人的議題，香港人是否徹底反省過？

香港大罷工一次都沒有成功的原因為何？如果說，民主化示威的成功關鍵在於與一般市民的連結，那麼此環節是否從一開始就非常薄弱？香港人是不是起初便更看重實際利益？也就是說，香港人雖然參加了街頭示威，卻對罷工抱持消極態度。

就像英國人把香港人視為他者一樣，香港人也把底層族群視為他者。歧視庶民、貧民、剛從中國來的新移民者、外籍勞工、非法居留者……此舉使港人從中獲得優越感。如同在模仿白人殖民者，他們對那些生活在籠屋的人、菲律賓外傭、東南亞勞工等人權漠不關心。香港導演陳果在探討社會內部殖民問題的電影中，總是將來自中國和東南亞的人刻畫成妓女、罪犯、僕人。

中國現代文學課程中一定會收錄魯迅的名著《阿Q正傳》，主角阿Q的性格可以概括為兩項。第一，阿Q在強者面前很弱，在弱者面前很強；第二，阿Q喜歡「精神勝利法」，雖然經常挨打，卻認為自己贏了，因為他迷失自我，也無法成為自己的主人。學者們從這個角度來指出香港人「定位不清」，換言之，他們總是把自己的故事當成別人的故事在說。香港人曾幾何時是香港真正的主人？

反送中運動在這方面出現新的動向。平時受到香港人蔑視的阿燦等新移民者，意外暴露自己的身分，並參與民主化示威，也有中國人為了支持民主化抗爭，特意從中國過來，香港的少數族群，包括東南亞人在內，大都參加了抗議活動。香港出現青年運動，他們深入社區，透過農村援助、書店運動等方式啟蒙，也產生了團結。

元朗白色恐怖事件發生後，示威強度不斷提高，行政長官將抗議者定調為少數破壞香港經濟和日常生活的人等，以此加速市民分裂。

此時，電視新聞上經常報導，在上班時間阻止地鐵出發的一方和乘客相互爭吵的場面，整個香港分為支持警方和支持抗議者兩派。不僅如此，大家開始被強制要表明力挺誰。上百位公務員發表認同抗爭的聲明，某位歌手選擇了警察，某位電影演員則聲援示威人士……類似的新聞層出不窮。之後，新聞還提到那位歌手、電影演員受到反對方的各種處罰。

抗爭群眾不僅破壞《新華社》的辦公室，甚至放火焚燒。中國工商銀行、小米等中資銀行和企業也遭受攻擊。因星巴克經營者的女兒說示威者是暴徒，便被攻擊和抵制。抗議人士用顏色標示懲罰力度，黑色是破壞、紅色是噴霧攻擊、藍色是抵制對象，黃色則被視為支持示威的一方，會得到優待。

從示威者將對象分為四種顏色，顯示出香港社會正在分化，也表示香港意識劃分成身分認同和現實利益。想當然耳，中國政府絕不會錯過這千載難逢的機會，正打出最後一張牌。

《香港國安法》下，人人自危

反送中抗爭者分散在香港各地區的商業街。從某個時刻起，會集中利用午休時間各自抗議。他們首先高喊「光復香港」和「時代革命」，然後唱出象徵示威者的歌曲，不，對香港進步派來說，他們唱的是香港國歌〈願榮光歸香港〉（*Glory to Hong Kong*）。這首歌從二〇一九年起出現在抗議現場，其歌詞如下：

何以　這土地　淚再流
何以　令眾人　亦憤恨
昂首　拒默沉　吶喊聲響透
盼自由　歸於　這裡

何以　這恐懼　抹不走
何以　為信念　從沒退後
何解　血在流　但邁進　聲響透
建自由　光輝　香港

在晚星　墜落　徬徨午夜
迷霧裡　最遠處吹來　號角聲
捍自由　來齊集這裡　來全力抗對
勇氣　智慧　也永不滅
黎明來到　要光復　這香港
同行兒女　為正義　時代革命
祈求　民主與自由　萬世都不朽
我願榮光歸香港

中國政府正在等待，大則香港認同感分化，小則示威者分化，但香港本土主義正在策劃制度圈內的政變，眼下只有選舉能證明他們沒有放棄，香港的身分認同也正盼望在政治上嶄露頭角的機會。在二〇一九年十一月舉行的區議會選舉中，泛民主陣營取得壓倒性勝利。泛民主派從原先的一百一十八席增加到三百九十二席（八六・七%），而親中派則從三百二十七席減少到六十席，創下香港選舉以來最高紀錄的七一%投票率。對於中國政府而言，這可能是核彈級的重大事件。

當自身意識越強，他者的意識也會越強，也就是說，「他們」與「我們」的認同感正在等比例擴大。香港不斷強化的身分認同，使中國政府極度緊張，現在似乎已經到了無法避免戰爭的邊緣。也許我們該慶幸的是，並非以戰爭，而是以強而有力的法律得到解決。

普遍認為，此次選舉結果加快中國政府的決心。從那時起，中國便鎖定發布《香港國安法》的時機，但出乎意料的是，那個時期來得過早，也就是新冠肺炎爆發期間，這對中國政府來說如有神助。世界上因疫情受惠的權力體系，應該不只有中國政府。由於疫情限制，別說是抗議，聚會本身就是違法行為。中國政府認為，這是制定《香港國安法》的絕佳機會，為了維護中國意識、國家安全，選擇最強烈的方法。

在二〇二〇年五月二十二日的全國人大上，正式提交《香港國安法》，二十八日全體會議通過，一個月後的六月三十日，常委會一致通過，將於當晚零時起生效，可謂是一氣呵成。無論是香港人還是外國人，倘若有人企圖分裂國家、顛覆國家政權、進行恐怖活動、勾結境外勢力等，都將受到處罰。其主要內容如下：

分裂國家、顛覆國家政權、恐怖活動、勾結境外勢力等四種犯罪最高可判處無期徒刑。主要事項的管轄權歸中央政府所有，尤其當境外勢力介入、香港特區政府無法有效執法或對國家安全造成重大威脅時，中央政府設立的駐香港國家安全公署將擁有直接調查權。香港公職選舉參選人或公務員錄取者，必須宣誓效忠中華人民共和國。

《香港國安法》加強學校、社會團體、媒體、網路等必要的管理和監督，並實行國家安全教育。此次條款同樣適用於在香港的外國人，特別是有永久居住權者，或在當地設立的企業或團體，就算他們是在香港以外的地區違反該法，也會受到處罰，甚至還能追溯到過去的抗議行動。這使整個香港社會動彈不得，不僅是反送中示威，連參加雨傘運動的人都成了處罰對象。此後，檢舉和起訴仍在持續進行中。

香港警方在《香港國安法》實施的首天，即七月一日凌晨就逮捕持有「香港獨立」旗幟的人士。值得注意的是，曾在中立線上或持第三立場的人開始倒向實際利益。香港五所大學的校長都站出來支持該法，代表香港商界人士的組織「香港總商會」，有六成會員表示贊成，並公開超過兩百九十萬人簽署支持該法立法同意的資料。

最終，香港具有代表性的九名富豪也表態支持《香港國安法》。在商言商，一直以來他們對民主化抗爭都表現出模稜兩可、曖昧不明的立場。香港首富、備受香港人尊敬的長江集團總裁李嘉誠，也宣布支持該法。上述種種跡象皆意味著香港的國家認同已然轉變。

果不其然，中國政府眼中的境外勢力，並沒有就此坐視不管。美國在二〇一九年十一月反送中運動達到高峰時，便通過《香港人權與民主法案》（Hong Kong Human Rights and Democracy Act），限制那些壓迫香港人權和民主之人的簽證和財產。隔年七月《香港國安法》公布後，川普政府撤銷保障關稅、貿易、投資、簽證等優惠的《美國－香港政策法》（United States–Hong Kong Policy Act）。英國已授權三百萬香港市民在英國的滯留權，加拿大、澳洲、臺灣等地也表示將積極幫助港人移民。在該法生效的一年內，有超過八萬九千名港人移居海外。

在《香港國安法》實施一年後，香港警方以違反該法的嫌疑起訴一百一十七名當地人。二〇二一年一月，泛民主陣營的四十七名政治人物因涉嫌顛覆國家而被起訴。選舉之前，香港國家安全委員會以愛國心和守法意識為標準審查參選資格，結果有十二名政治人物失去競選資格，四名議員被取消資格。如前所述，二〇二一年六月，《蘋果日報》隨著總編輯等人被捕、凍結資產，最終自行宣布停刊。

二〇二一年八月十六日，曾領導香港民主化示威的民間人權陣線，自願解散。十二月十四日，香港民意研究所公布「香港人身分認同調查」，有七五．九％的人仍然認為自己是香港人，但有五三．六％的人覺得自己是中國人。

同年十二月二十九日，《立場新聞》也被主動停刊。當初雨傘運動無疾而終後，《立場新聞》於二〇一四年十二月創刊，如今警方以刊登煽動性文章、引發人民厭惡香港政府和司法體系為由，逮捕總編輯等七名相關人士、扣押搜查、凍結資產……。隔年一月四日，另一家網路媒體《眾新聞》宣布停刊。主編稱，這是因為警方執法的尺度過於模糊，擔心評論和報導會構成煽動罪。

如今，無論是在比賽場合還是其他地方，只要播放中國國歌，都不可發出噓聲，也不可背對中國國旗。既無法高喊「光復香港，時代革命」的口號，也無法唱〈願榮光歸香港〉，一旦違反，這都將是《香港國安法》的處罰對象。

就連大學學生會的活動也變得困難。二〇二一年一月，香港中文大學學生會還曾發表政綱：「本土（香港）文化創意、共同體意識、對抗不義、支援被捕學生等。」他們表示在《香港國安法》公布後，也將追求香港的民主和自由。但同年十月七日，學生會宣布解散，因學校拒絕代收會費，學生會被要求另外向政府進行團體登記。

別說是抗議布條，就連拿著一張什麼都沒有寫的白紙站著，也可能變成被處罰的對象。參加馬拉松比賽時，有位參賽者因身上寫有「香港加油」的字樣，不得不接受警方調查，後來，便以他曾高喊「香港獨立」口號為由判刑五年九個月。很多書都成了禁書，因此必須像以前韓國那樣在黑市交易。二〇二一年聖誕節露天市場，一款名為「香港人」的酒（清酒）同樣被領導階層要求下架。

二分法，迎來特色民主主義時代

二〇二一年七月，《香港國安法》生效一年後，習近平在中國共產黨建黨一百週年紀念儀式上向世界警告：「如果欺負中國，將在十四億人築成的鋼鐵長城面前碰得頭破血流！」由於這是能正確理解中國共產黨意識型態的重要文件，因此將其重點內容整理如下：

•中華民族是世界上最偉大的民族，擁有五千年的悠久文明和歷史，為人類文明發展做出了不可抹滅的貢獻。

•一八四〇年因鴉片戰爭等受到侮辱和迫害。實現中華民族偉大復興，成為中國人民和中華民族的中國夢。

•經過中國共產黨和各民族的奮鬥，我們實現第一個百年的目標，在中華大地全面建成了小康社會。

•解決絕對貧困問題，向著建設社會主義現代化強國的第二個百年目標邁進。

•結束中國半殖民地半封建（帝國）主義的歷史，同時廢除其他國家強加給中國的不平等條約和帝國主義特權，為中華民族的偉大復興創造了條件。

•中國共產黨戰勝帝國主義和霸權主義的顛覆意圖和武力挑釁。

•沒有中國共產黨，就沒有新中國，就沒有中華民族的偉大復興。

•將貫徹一國兩制和高度自治，落實香港特別行政區國家安全法和制度，維護國家主權、安全、利益、特別行政區的社會安全，維護香港長期繁榮。

•中華民族是一個具有強烈自豪感和自信心的民族。中國人民從未欺負、壓迫或奴役過其他國家人民，將來也不會發生。

•我們不能容忍外來勢力欺負、壓迫或奴役我們。

•誰妄想這樣幹，必將在十四億多中國人民用血肉築成的鋼鐵長城面前碰得頭破血流！

這是典型的二分法思維，將所有價值分成善惡，如實反映出中國共產黨的世界觀。如果再稍加整理，便是徹底透過二分法的對比來突顯中國共產黨的價值和角色。首先是中華民族與其他民族、受辱和不受辱歷史、絕對貧困和非絕對貧困的歷史、半殖民地半帝國主義的歷史和其他歷史，再來是舊中國和新中國，最後是欺負和善待人民的國家。整體而論，就是分成欺負我們（中國）的勢力和沒有欺負的勢力。

共產黨看待歷史的視角，尤其是對鴉片戰爭的史觀非常明確。對現有歷史是持肯定還是否定態度，將定義現在一個人（一個組織）的世界觀。以共產黨為首的左派政府首先否定過去的歷史，並把自己放在壞歷史的地方，如此一來，才能轉變為好的歷史。整體而言，共產黨正確且清楚的區分出是非、敵我。這是將所有價值和判斷體系，以善惡為絕對標準、典型社會主義的世界觀。不是我軍就是敵軍，而敵軍是必須消滅的對象。

在這種邏輯面前，就連港人提出的、要求認定他們不同之處的微小呼聲，也不被允許。實際上，中國政府將香港的城邦派和自治派等都視作「香港獨立派」。因此，他們自然就成為要被打倒的對象。

善惡、好壞這種二分法思考，無法訴諸理性，是最能刺激感性的方法。如果不激起感性，就無法引起怒火，便沒有人會奮而起身，也沒有人會跟著走，但其代價漫長、殘酷，且理性思考的力量會越來越退化。從整個社會來看，只會助長惡化感性消費，形成惡性循環，同時生活也會變得更加疲憊。

二〇二一年十二月二十日，中國政府發布名為《一國兩制下香港的民主發展》的白皮書，這是一篇超過兩萬六千字的長文，而且選在香港立法議員選舉創下一九九七年以來最低投票率（三〇・二％）的第二天發布，媒體將其稱之為稱「一國兩制」時代結束、香港特色民主主義時代來臨。白皮書的主要內容統整如下：

- 在英國統治下的香港沒有民主。
- 中國恢復香港主權後，實行一國兩制方針，建立香港的民主制度。
- 中國共產黨和中國政府付出巨大努力，展現決心和誠意來維護香港的民主發展。
- 在英國統治期間，香港（英國）政府長期實施高壓政策，限制新聞出版自由、言論自由，並拒絕香港社會不斷提出的民主化要求。
- 英國在殖民統治的最後階段推進政治體制改革，是為了偽裝成英式代議制，使香港成為獨立或半獨立的政治實體。這是要妨礙中國行使主權和有效管理，並且在香港回歸後繼續發揮政治影響力。
- 《中英聯合聲明》是為了解決英國將香港交還給中國的問題，而不是為了在歸還後建立包含選舉制度在內的政治體制。
- 《中英聯合聲明》中沒有提到「普通選舉」和「民主」兩個詞。
- 二〇二〇年七月後，英方允許香港居民申請英國居住權，再次違反《中英聯合聲明》

的原則精神和諒解共識。

・在二〇二一年選舉制度改善條例的立法過程中，有外國人、居住公屋和劏房[74]的人士、巴士車長、註冊電工等人士參與其中，代表廣泛意見。

・中央將繼續共同努力，建立完全符合憲法和香港實際狀況的民主制度，最終實現行政長官和全體立法會議員直接選舉的目標。

社會方向根據成員的意識而定，也就是說，會走向市民或國民所想的方向。哪怕只有一人，只要他迫切希望，社會也必定會朝向那裡。香港也是如此，會往更多市民想要的方向發展。在社會認同或其方向性上，用善惡來衡量並沒有意義。

香港現今已然成為中國的一部分，二分法的共識更常出現在香港人的眼前和耳中。隨著香港人大腦結構的改變，香港的身分認同也將重組。中國和香港都不會滅亡，世上萬事都沒有終點，只有變化而已。

結語
原香港正在消亡，新香港正在誕生

二〇二二年七月一日，在香港回歸二十五週年紀念儀式上，中國最高領導人習近平表示：「一國兩制是世界公認的成功，沒有理由改變。」一國兩制真的成功了嗎？中國有遵守約定嗎？或許現在不是一國兩制，而是一國一制，因為在香港，曾是身分認同最重要的部分——自由——已經消失。

很久以前，好不容易找出看似完美的折衷方案，且中國和香港也都很滿意，但不知從何時起，緊張的認知平衡逐漸被打破。由於雙方都對彼此提出過分的要求，一旦某一方的要求增多，平衡便會就此崩潰，個人、地區和國家之間都是如此。就這樣，一直以來勉強維持的平衡被破壞，戰爭也隨之爆發。

總歸而言，即中國政府某天悄悄的將「港人治港」轉移成「愛國者治港」。如果沒有外部的特別刺激，地區意識就不會被強化。在中國的刺激下，香港的身分認同出於保護本能被

74 編按：分間樓宇單位，可見於廣州、香港等南粵地方的一種特殊住宅、出租房形式。

強化。習近平上任後，為了確保統治正當性，對內、對外都在強調國家和民族意識。想當然耳，他的做法與之前的江澤民和胡錦濤時代截然不同，他持續壓迫香港的獨特認同感，而且由於當地嚴重反抗，最終只得用最強硬政策《香港國安法》予以應對。

不同的意識型態之間，只要稍有不慎就會引發紛爭，並走向決一死戰的局面。如今，中國與香港的身分認同矛盾，似乎以二〇二〇年《香港國安法》的立法而告終。縱觀世界史，意識衝突的盡頭是戰爭。從防止戰爭爆發和大規模人員傷亡的角度來看，中國與香港的衝突或許可以算是得到了和平。在香港示威最激烈時，有許多傳聞稱，人民解放軍的坦克車會開進來鎮壓，這麼說來，《香港國安法》上路，避免了最壞的情況，但付出的代價是香港認同感消失。

柄谷行人強調恐怖平衡的重要性。也就是說，目前的穩定是眾多紛爭的最後折衷點，縱使好不容易找到中庸之道，但就像往常一樣，有些人大致對現狀感到滿意，有些人則對這種模稜兩可相當不滿。因此，他們夢想著變化、改革和革命。從某種角度來看，生活不就是為了想擺脫「緊張的穩定狀態」或「曖昧不明的關係」所進行的鬥爭嗎？對於一直在期待改變的人而言，現在的香港又是如何？

這樣看來，衝突和折衷點肯定也是時刻都在改變。社會基因產生變化後，又創造另一種環境。現在，越來越多研究結果顯示，身體行為具有可塑性，會根據經驗或生長環境變換。庫爾特．勒溫指出，為了攻擊某人，便需要師出有名，即故事，用以證明某人與自己與眾不同。他還表示：「主張文化異質性的故事，無論什麼都會成為煽動戰爭和攻擊的藉口，我們透過這種方法製造出他者的存在。」

當然，也不能不提到「內部的他者」。鴉片戰爭以後，香港的身分認同便有分化的可能性，又或者說，只要受到輕微的外部衝擊便會再次分化。儘管香港有著複雜的國家意識，但在當地，剛從中國過來的阿燦、沒錢的人、沒能進入好大學的人、來自落後國家的人、不會英語的人等，都成了他者。香港沒有真正的主人，它就是一個如此分裂的社會。

香港是由離心力而非向心力構成的社會。港人果真熱愛香港嗎？前面提到，一九七〇年代推行「香港是我家」的清潔運動後，香港人開始強化自身認同感，但在這之後香港的離心力似乎也跟著擴大。

回顧過去展開的政治示威，大都集中在打破內部殖民統治上，就算與中國政府簽訂迴避港獨等極端名分的協定，消除貧富差距和打破勞動現實等社會改革運動，也於事無補。香港徹底按照階級、世代、背景、政治傾向劃分，若說上街抗議的人或沒出來的人都是他者也不為過。我給香港朋友的建議是，與其一直強調身分認同，不如解決內部殖民問題，也就是縮小與他者距離的運動。

在學習中國（國家）和香港（地區）這一史無前例的特殊關係網，即中國與香港的認同感矛盾時，我得到以下教訓，希望這樣的經驗能幫助中國和香港、中國和臺灣，以及南北韓等產生意識衝突的所有地方。

國家和地區，誰輸誰贏

在不同的地區，各階級、各職業都有不同的認同。根據貧富差距和職業種類，表現出不同是理所當然的事。

香港也以地區或階級區分。國家或地區意識的特性，會尋找與自己相似的人共同生活，但香港的國家認同總是根據名和利反覆離散、集合。最重要的是，要避免人為的介入來達到統一（整合），從世界史中便可看出原因。試圖統一，大都是由強者或多數人強行策劃。當然，無論是少數（弱者）還是多數（強者），都會有不幸福的結局。

哈拉瑞（Yuval Noah Harari）也指出，幾乎沒有一個國家能從古代存活到現在，今天許多國家都是在過去幾個世紀內整合起來，也就是說，比起地區化，國家化正在強力推進。他還說，敘利亞、黎巴嫩、約旦、伊拉克等國，都是英國和法國的外交官們劃定的結果，也是無視地域、歷史、地理、經濟的結果，該區域的動盪自然也顯而易見。

中國和香港、西班牙和加泰隆尼亞、日本和沖繩、法國和科西嘉大、中華民國和臺灣原住民、美國和夏威夷原住民、紐西蘭和紐西蘭原住民……這些都可說是體現國家和地區認同不同的代表案例。位於西班牙和法國邊界的巴斯克地區也提出，「區域是否非得要融入國家不可」的原始問題，但一如既往，當國家和地區發生衝突時，獲勝的總是國家。因此，這種痛苦便會轉嫁給少數人並強迫他們就範。

有一次我在香港，親眼見到親中派的人士。當時我說正在研究中國和香港的矛盾問題，他提醒我，這是一項承認衝突存在的研究，中國人不會喜歡。這句話體現出被國家主義洗腦的中國人的一面，也就是說，他們連雙邊存在紛爭都不願意承認。這是大部分中國人看待香港的心態，即中國國家主義的真面目。

我的指導教授從小隨父母從廣東移居香港，大學畢業後，去美國攻讀博士學位，然後又回到香港，一輩子都站在講臺上傳道授業。從表面上來看，他是對香港的體系等非常驕傲的香港人，然而作為中文系學生，他對中國文化有著無限的自豪感，身為中國人的自尊心也很強：「哪有香港人，都是中國人啊！」我理解教授的立場是先以血統或文化來溝通，再尋找共通點。相反的，香港的代表作家西西更強調地區認同，而非國家認同，她是批判國家意識型態的知識分子。

幾年前，我在香港學專門書店「序言書室」的角落，偶然發現《社會主義者》和《勞工文藝》兩本雜誌，才注意到他們的存在並開始關注。他們高喊著打倒中國共產黨、打倒資本主義的口號，並進行提高最低工資的抗爭。

香港為了維護自身認同，曾有過上述這樣的苦惱，但今後這樣的討論和苦惱將永遠消失在歷史中。在地區與國家的角力中，有沒有地區能獲得勝利？或許從一開始，雙方就不可能為了溝通和理解，進行真摯的討論。

相同與不同，兩制變一國

中國和香港不同，中國人和香港人也不同，但中國人總是想用血濃於水來囊括所有。不論如何，雖然過去曾擁有相同基因，但現在已經不是。隨著時間流逝，「血」（基因）也跟著改變。

如果說中國和香港之間存在問題，那就是身分認同問題；如果說中國和香港發生衝突，那就是意識衝突。從社會心理學的角度而論，如果認同感是大腦結構的表現，那就表示，中國人與香港人因不同的大腦結構產生矛盾。

要知道的是，現在的我們和他們之間的差異，這才是解決問題的出發點。一國兩制最初的構想也是承認香港的獨特，但那種特別卻逐漸形成對立，後來「兩制」變得什麼都不是，只有「一國」變成絕對。照這樣發展下去，就會忘記對方的不同。

「中國—香港的體制」也是多數和少數、普遍性和特殊性的對立，也許所有的矛盾都源於歷史也說不定。

如果說香港強調民主和科學，那麼中國就是把國家和民族放在首位；如果說中國依然崇尚國家或民族的意識型態，那麼香港的身分認同就是強調合理性。中國政府認為，必須注入中國特色的認同感，方能解決問題。

中國傾注全力對香港注入國家和民族性，為的是盡快讓港人成為國民。中國和香港的認同感各自又分成多個小的認同感，也就是說，小認同彙聚起來構成大認同，而且大的也會再次影響小的。

正如前述提及，身分認同會隨著外部衝擊或內部紛爭發生改變。一九九七年香港回歸後，中國與香港出現許多衝突。前者努力以堅定的中國意識拉攏後者，後者則努力守護自身認同。然而，與毫不動搖的中國意識相比，香港的身分認同正在以更快的速度分化。就像香港認同感經過生成、分化和重組，歷史不會滅亡，只會不斷編寫和重組。

據說，世界人口巧妙的使男女比例維持各半，除非人為調整，否則將會一直保持不變。我想假設大腦結構的比例也是如此，並將其命名為「三三四的假設」，換言之，世界各國國民的政治傾向基本上是「三成保守、三成進步、四成中立」。若要以科學角度證明，便需要更多國家的資料，但從韓國、臺灣、香港的情況來看，三三四的結構相當穩固。

美國的狀況是，根據分析民主黨或共和黨支持勢力的資料或大選結果，表現出緊繃的均衡態勢。在沒有重大議題時，選舉時常以細微差異作結，保守派和進步派也依舊為了獲得中間選民的票而相互鬥爭。

事實上，從美國和韓國的選舉來看，取決於如何蠶食和撼動中間選民，香港也是如此。香港引以為傲的廣大「第三空間」，即中間地帶，其寬度隨著政經情況產生巨大變化。

因此，若平時回答「我是香港人」的比例約是三成，那麼這個數值在雨傘革命或反送中運動盛行時，足足超過七成，那時原本中立的四成群眾，也會突然接受香港意識。也就是說，香港的危境或危機意識，凝聚港人的身分認同。

中間地帶依照政治與經濟流動。當然，以「中國」這個國家和民族性為優先的三成民眾是毫不動搖的，但態度不明確的四成人群，會在其中觀察情勢變化，猶豫要站到哪一邊，而且不只香港社會如此。

在二〇〇六年回歸十週年時，代表香港，不，世界上最具影響力的中文人文雜誌《明報月刊》發表名為「中立的文化空間」特輯。在中國國家意識型態像海嘯般席捲香港社會的時刻，人文雜誌能做出什麼樣的對抗？或許，只能間接展示中立的價值有多麼珍貴。

在該特輯中，中國學者章詒和發布題為〈我們有「中立空間」嗎〉的挑釁性論文。她說，中國人一直以來都生活在被嚴格區分的等級和標準內，即好壞、上下、左右、高低、貴賤、貧富等社會中，絕大多數的老百姓一生都在其中謀生。

平時一有機會就高度評價香港文化價值的劉再復，也一語道破香港作為第三空間的重要性。他在特輯中發表的論文〈再論「第三話語空間」〉，引用德國社會學家馬克斯·韋伯（Maximilian Karl Emil Weber）的價值中立概念，相較於中國只存在非我即敵，香港的第三空間在兩岸三地（中國、香港、臺灣）最為廣闊。不僅如此，眾多學者對香港這個「灰色地帶」，給予相當多正面評價，因為它既不左也不右，是從另一個角度證明香港的自由。

名與利，何者優先？

前額葉活躍的人傾向利益，顳葉活躍的人則優先看重國家認同。因此，無論給予多少實際利益，不放棄國家認同的人說什麼也不會放棄。對於他們而言，性命並非什麼利益，所以會以「以死明志」應對。

對於重視自身認同的人來說，死亡如草芥。從歷史上而論，我的頭髮（現實利益）可以修，但我的髮髻（意識）不能剪。對於真正希望香港獨立的人而言，中國或香港政府提供的經濟益處只不過是甜言蜜語罷了。有人的從一開始便選擇香港獨立（國家認同），有人則是向親中靠攏（現實利益）。

認同感是名和利的集合。這種結構有時是前者占上風，有時則反之。筆者認為，此兩者是構成整體性的基礎。根據情況的不同，其比例也會變得不一樣，因此意識型態時刻都在重組。即使同樣追逐國家認同或實際利益，其中也會再細分，這就是認同感的本質，既不是永遠，也不必一直皆是如此。倫理主義是意識，歷史主義是實際利益，相互矛盾卻又彼此牽制，以此形成認同，兩者都缺一不可。

在中國與香港的體制中，香港人試圖創造新的政治身分。實際上，一國兩制是為了賦予經濟性身分所採取的措施。中國政府認為，只要給予經濟好處，香港的政治名分問題也會就此得到解決，但令人意外的是，香港回歸後，中國的政治與經濟的措施反倒激起且強化香港政治認同。不知從何時起，港獨開始刺激中國國家意識。一旦過分執著於國家認同，反倒會失去所有。

整體而論，共享經濟非常重要，但中國政府持續推進的經濟一體化，並未能公平分配在香港社會。經濟利益的不均衡或有所偏差，將直接導致意識分化，縱使不是全部的歸因，但顯然是造成巨大影響的重要因素之一。

一九九七年回歸後，香港人時時刻刻都在比較，即比較以前的英國和現在的中國，老百姓的日子改善了嗎？越來越多的人主張，香港回歸就像新自由主義，是讓市民更加痛苦的開端。香港的富商與中國政府，乃至中國富商勾結而變得更加富有，反之，香港老百姓的生活卻變得加倍艱難。貧富兩極化的趨勢沒有改變，剝削情況反倒更加嚴重。在中國資本的空襲之下，香港公寓價格暴漲。

認同感隨時都在產生變化，既可能撼動以往，也可能重新建立，也就是說，名分和實際利益應該要有所交集，但香港回歸後，中國只提出「祖國」的國家認同。過往香港身為國際金融城市的自豪感，逐漸被上海和深圳追上，「來自香港」的優勢已然消失，青年就業機會也優先考慮中國人。如果說過去中國人是在香港受到歧視的阿燦，那麼現在的港人則是在中國受到歧視的「港燦」。

每次在香港搭地鐵時，我都覺得對面坐著的人看起來很累。香港人知道自己是少數，而他們是否又能理解香港內部的其他弱勢人群？回歸初期，香港政府未能致力於提升醫療、住宅等庶民福利。二〇〇三年，中國與港澳地區簽訂《內地與港澳關於建立更緊密經貿關係的安排》，不過好處僅限於香港的富商和服務業，這對一般民眾（底層族群）的就業和利益並沒有太大幫助，反倒加劇貧富差距。

二〇二一年十月，香港行政長官發布預計在西北側建設兩百五十萬人規模的城市計畫。而這代表要提前實現與中國最大經濟特區深圳的一體化，也就是說，在之間建設新城市，讓兩者融為一體。《香港十年安居計畫》也是如此，該舉的目的是，即使現在才開始，也要提供人民福利。

從香港的身分認同歷史來看，多數中立派的輿論非常重要。在自尊心或經濟條件不佳時，香港人表現出獨立意志等反應，但最終，中間派做出現實的選擇。身分認同很脆弱，人們終究還是選擇利益。我以這樣的視角關注中國—香港體制的矛盾，而中國政府也很清楚香港人所具有的意識。

舊認同感已逝，新認同感正在創造

一九九七年香港回歸中國後，當地人開始自稱是二等國民或次等國民。從少數人的身分認同來看，香港是被統一，但也有學者認為，香港是強者，並稱實際上是香港式的資本主義支配著中國。

其實在改革開放初期，中國曾派遣負責全國經濟貿易的公務員到香港，努力學習香港式的資本主義。香港的金融系統就這樣原封不動的被搬到中國，當然，後者也因香港資本主義的痼疾弊端而飽受煎熬。

強納森．海德特在《好人總是自以為是》（*The Righteous Mind*）的結語說道：

「人一旦加入政治團隊，就會陷入所屬的道德母體裡。他們在每一處都會看見大敘事的確證，如果你是站在他們之外跟他們爭論，那麼要說服他們、讓他們認錯，可就難上加難了，甚或不可能辦到。」

中國人被困在中國的道德母體（matrix）中，香港人也同樣如此。最終，當無法相交的兩者交會時，便是開戰時刻。特別的是，中國和香港以《香港國安法》在戰爭前一階段劃下句點。那麼，難道沒有其他方法能讓他們相互接受和理解嗎？

根據理查．尼茲彼的說法，如果希臘是重視個人自主權，那麼在中國則是以集體為優先。歸根究柢，中國─香港體制是中國和英國兩個完全不同的意識衝突，而這始於文化的不同，因此解決方法也在此層面，而兩者最大的共同點依舊也是文化。

社會心理學家們提出四種解決矛盾的方法，即和平戰略。可以概括為四個C，即接觸（contact）、合作（cooperation）、溝通（communication）與協調（conciliation）。

中國與香港兩者既接觸又合作，但真正溝通了嗎？自一九九七年以來，我從未感覺到雙方真正有所認定、理解和溝通。他們從未齊心協力面對共同的敵人，也沒有當面談判，更沒有向第三方請求仲裁，只是強迫彼此服從，並沒有經由仲裁者協商。

那麼，難道就不能制定共同的敵人或共同的目標嗎？如同海外華人對日本帝國主義表現出一致的國家認同，中國若能找出與臺灣或與香港之間對外口徑一致的意識型態該有多好。

二〇〇三年，中國派遣中國首位太空人來到香港，希望向人們展示祖國的偉大。同時，中國政府還將二〇〇八年四川大地震、北京奧運作為培養國家意識的機會，因為這些是能夠喚起愛國心的最佳材料。然而，最終並未能找到合理的交集。

庫爾特・勒溫說，若想改變文化，必須換掉領導者。他還說，意識型態和權力問題緊密相連。如此看來，中國政府自然會對香港領導者這部分非常執著。前面提到，個人對先前的價值體系越忠誠，就越會敵視再教育，而社會性的傾向越強，利己的傾向便會越弱，也會強烈反對再教育。他更進一步說：「不管在什麼情況下，再教育課程都會受到敵視。」這句話旨在理解回歸後香港是凝聚還是分化的重要衡量標準。

那麼，難道今後就無法正面看待「中國—香港體制」嗎？他們是不是從現在起才有了同舟共濟的共同點？中國香港特別行政區的未來，即香港這個基因和文化，是否應該看作是共同進化？

黑格爾（Hegel）在《世界史哲學講演錄》（*Vorlesungen über die Philosophie der*

Weltgeschichte）中說，對於理性看待世界的人，世界也會展現理性的面貌。香港既有的身分認同已經消失，但新的認同感正在被創造。朋友們經常問我，香港往後會變得如何、是否已經完蛋？不是的，香港正在逐漸理解原本的自己，香港人和中國人也都在擴大思維範圍。

歷史真相為何，交由讀者判斷

哈拉瑞說，沒有任何證據顯示，人類的福祉必然會隨著歷史發展而改善。另外，歷史也不一定會朝著有利於人類的方向發展。他還說，研究歷史不是為了理解未來，而是擴大視野，同時也是了解「我們現在身處的境況既不是自然，也非必然」。黑格爾曾提到：「歷史是精神在敘述一段逐漸正確認識自己的過程。」

不只是博物館，也必須重新審思教科書陳述中所隱含的意義。我在這本書中講述雙方具有不同的想法，但只概略提到事實，剩下的便交給讀者判斷。這也是我想看到的博物館陳列，以及想讀到的歷史課本的方向。

如果想記錄香港歷史，只須教導香港的認同感變化即可。更準確的說，就是教育在中國與香港關係轉換下，香港的身分認同重組。在所有教授區域（國家）歷史的方法中，皆可切中核心。

看著「中國─香港體制」會發現，歷史並不一定都在進步，有時也會退步。當然，中國不會同意這說法，在香港的親中人士也不會贊同。即使狹義的解釋福祉的含義，但香港的情況依舊沒有得到改善，更何況，若以人類的自由和幸福作為標準，那可以說已經退步到了一百年前，同時失去原來的價值。雖然原先的香港正在消亡，不過新的香港正在誕生。

現在我要回答前言所提出的問題了。歷史的核心是指什麼，即思考什麼樣的歷史陳述會擴大我們的思維範圍。劉再復說，從歷史的角度而言，價值中立指的是在歷史事件中追求客觀評價，理解並同情歷史人物，也就是說，不要做出任何的絕對價值判斷。若站在黨派或權力鬥爭的立場，不是忠臣就是奸臣，非善即惡。

有人為了意識型態賭上性命，有人則只計算自己會得到的實際利益。當然，也有很多人的態度曖昧不明，遊走在中間地帶。歷史是被選擇的，而地區和國家認同也是如此。歷史既不是「我」和「非我族類」的鬥爭，也不是過去和現在的對話，僅僅只是重視身分認同的大腦和喜歡現實利益的大腦各自的爭鬥。

「人民和政府從未從經驗和歷史學過什麼，也從未按照在歷史中得到的教訓行動過。」

——黑格爾

參考文獻

1. 金哲（김철）著，《守護我們的髒東西——關於名為認同感的疾病》（우리를 지키는 더러운 것들－정체성이라는 질병에 대하여），根和葉子，二〇一八年。

2. 諾曼．多吉（Norman Doidge）著，洪蘭譯，《改變是大腦的天性—從大腦發揮自癒力的故事中發現神經可塑性》（*The Brain That Change Itself: Stories of Personal Triumph from the Frontiers of Brain Science*），遠流，二〇〇八年。

3. 丹尼爾．亞曼（Daniel G. Amen）著，陳佳伶譯，《適腦學習》（*Change Your Brain*），三采，二〇二一年。

4. 立花隆著，李奎元譯，《鍛鍊大腦》（脳を鍛える），勝於藍傳媒，二〇〇四年。

5. 大衛．G．邁爾斯（David G. Myers）、珍．特溫格（Jean Twenge）著，李鍾澤譯，《邁爾斯的社會心理學》（*Social Psychology, Thirteenth Edition*），Sigma Press，二〇二一年。

6. 大衛．伊葛門著，蔡承志譯，《躲在我腦中的陌生人》（*Incognito The Secret Lives of the Brain*），漫遊者文化，二〇一三年。

7. 魯爾夫．杜伯里著，王榮輝譯，《思考的藝術》（*Die Kunst des klaren Denkens*），商

周出版，二〇二二年。

8. 柳泳夏著，《臺灣散步》（대만 산책），此森，二〇二二年。

9. 柳泳夏著，《作為方法的「中國—香港體制」》（방법으로서의 중국—홍콩체제），昭明，二〇二〇年。

10. 柳泳夏著，《以形象閱讀的中華人民共和國》（이미지로 읽는 중화인민공화국），昭明，二〇一〇年。

11. 柳泳夏著，《中國民族主義和香港本土主義》（중국 민족주의와 홍콩 본토주의），Sanzini Books，二〇一四年。

12. 柳泳夏著，《香港散步》（홍콩 산책），Sanzini Books，二〇一九年。

13. 柳泳夏著，《所謂香港的文化空間》（홍콩이라는 문화 공간），大樹，二〇〇八年。

14. 柳泳夏著，《香港—千種表情的都市》（홍콩—천 가지 표정의 도시），Sallimbook，二〇〇八年。

15. 柳泳夏著，《香港弱化：以香港歷史博物館的敘事為中心》，圓桌文化，二〇一八年。

16. 麥金泰爾著，盧允基譯，《科學態度：對抗陰謀論、欺詐，並與偽科學劃清界線的科學素養》（*The Scientific Attitude: Defending Science from Denial, Fraud, and Pseudoscience*），Wisdom House，二〇二三年。

17. 麥金泰爾著，王惟芬譯，《後真相》（*Post-truth*），時報文化，二〇一九年。
18. 理查・尼茲彼著，陳映廷、謝孟達譯，《聰明思考》（*MINDWARE*），遠流，二〇二一年。
19. 理查・尼茲彼著，劉世南譯，《思維的疆域》（*The Geography of Thought*），聯經，二〇〇七年。
20. 理查・尼茲彼著，金浩譯，《是人還是情況》（*The Person and the situation*），綠林，二〇二一年。
21. 馬庫斯・加布里埃著，黃意淩譯，《當世界歷史的指針迴轉時》（世界史の針が巻きるとき「新しい実在論」は世界をどう見ているか），晨星，二〇二一年。
22. 米榭・塞荷（Michel Serres）、西爾維・格呂斯佐夫（Sylvie Gruszow）等九位合著，李孝淑譯，《真實身份，我是誰》（*L'identité: qui suis-je*），Alma，二〇一三年。
23. 史蒂芬・平克著，袁冬華譯，《白板》（*The Blank Slate*），浙江人民美術出版社有限公司，二〇一六年。
24. 史蒂芬・平克著，陳岳辰譯，《再啟蒙的年代》（*Enlightenment Now*），商周出版，二〇二〇年。
25. 辛達塔・穆克吉著，莊安祺譯，《基因》（*The Gene*），時報出版，二〇一八年。
26. 阿潑著，《憂鬱的邊界》，八旗文化，二〇一七年。

27. 王丹著，《中華人民共和國史十五講》，聯經，二〇一二年。
28. 尤阿希姆．鮑爾（Joachim Bauer）著，張維娟譯，《你的心情不好，我知道》（*Warum Ich fühle, Was Du Fühlst. Intuitive Kommunikation Und Das Geheimnis Der Spiegelneurone*），商周文化，二〇〇九年。
29. 強納森．海德特著，姚怡平譯，《好人總是自以為是》（*The Righteous Mind*），網路與書出版，二〇二〇年。
30. 崔延浩（최연호）著，《擁抱記憶》（기억 안아주기），文壇，二〇二〇年。
31. 庫爾特．勒溫著，鄭明鎮（정명진）譯，《解決社會矛盾》（*Resolving Social Conflicts*），Booglebooks，二〇一六年。
32. 提摩希．史奈德（Timothy Snyder）著，陳榮彬、劉維人譯，《血色大地》（*Bloodlands*），衛城出版，二〇二二年。
33. 法蘭西斯．詹森（Frances E. Jensen MD）、艾蜜．依莉絲．納特（Amy Ellis Nutt）著，何佳芬譯，《青春期的腦內風暴》（*The Teenage Brain*），高寶，二〇一八年。
34. 王賡武著，〈十九、二十世紀新加坡華人的身份認同與忠誠〉，《華人研究國際學報》第八卷第二期，二〇一六年。
35. 蔡榮芳著，《香港人之香港史 1841-1945》，香港：Oxford University Press，二〇〇一年。

36. 高馬可著，林立偉譯，《香港簡史－從殖民地至特別行政區》（*A Concise History of Hong Kong*），中華書局（香港），二〇一五年。
37. 周子峰編著，《圖解香港史（遠古至一九四九年）》，中華書局（香港），二〇一〇年。
38. 周子峰編著，《圖解香港史：一九四九至二〇一二年》，中華書局（香港），二〇一二年。
39. 徐振邦、陳志華編著，《圖解香港手冊》，中華書局（香港），二〇一五年。
40. 張連興著，《香港二十八總督》，三聯書店（香港），二〇〇七年。
41. 劉再復，〈再論「第三話語空間」〉，《明報月刊》，二〇〇六年四月號。
42. 章詒和，〈我們有「中立空間」嗎？〉，《明報月刊》，二〇〇六年四月號。
43. 林泉忠，〈香港「本土主義」的起源〉，《明報月刊》，二〇一六年七月號。
44. 林泉忠，〈「舊香港」與「新香港」——港人身份認同何去何從？〉，《明報月刊》，二〇二二年七月號。
45. 紀碩鳴，〈香港回歸二十五年政治和社會的幾個關鍵時刻〉，《明報月刊》，二〇二二年七月號。
46. 任珺著，《身份認同與香港文化政策研究》，三聯（香港），二〇二二年十二月。
47. 香港民意研究所（www.pori.hk）。

國家圖書館出版品預行編目（CIP）資料

消失的香港：從鴉片戰爭、97 回歸到港版《國安法》，香港如何成爲我們「記憶中的」東方明珠？如何再次扮演關鍵之地？／柳泳夏著；葛瑞絲譯. -- 初版. -- 臺北市：大是文化有限公司, 2024.07
288 面；17×23 公分. --（TELL ; 67）
譯自：사라진 홍콩
ISBN 978-626-7448-45-8（平裝）

1. CST：政治　2. CST：政治認同　3. CST：社會角色　4. CST：香港特別行政區

574.338　113004774

TELL 067

消失的香港

從鴉片戰爭、97回歸到港版《國安法》，香港如何成為我們「記憶中的」東方明珠？如何再次扮演關鍵之地？

作　　者／柳泳夏
譯　　者／葛瑞絲
責任編輯／許珮怡
校對編輯／宋方儀
副 主 編／蕭麗娟
副總編輯／顏惠君
總 編 輯／吳依瑋
發 行 人／徐仲秋
會計部｜主辦會計／許鳳雪、助理／李秀娟
版權部｜經理／郝麗珍、主任／劉宗德
行銷業務部｜業務經理／留婉茹、行銷經理／徐千晴、專員／馬絮盈、助理／連玉
行銷、業務與網路書店總監／林裕安
總 經 理／陳絜吾

出 版 者／大是文化有限公司
臺北市 100 衡陽路 7 號 8 樓
編輯部電話：（02）23757911
購書相關資訊請洽：（02）23757911 分機 122
24 小時讀者服務傳真：（02）23756999
讀者服務 E-mail：dscsms28@gmail.com
郵政劃撥帳號：19983366　戶名：大是文化有限公司
法律顧問／永然聯合法律事務所
香港發行／豐達出版發行有限公司“Rich Publishing & Distribut Ltd”
地址：香港柴灣永泰道 70 號柴灣工業城第 2 期 1805 室
Unit 1805, Ph. 2, Chai Wan Ind City, 70 Wing Tai Rd, Chai Wan, Hong Kong
電話：21726513　傳真：21724355
E-mail：cary@subseasy.com.hk

封面設計／林雯瑛
內頁排版／楊思思
印　　刷／韋懋實業有限公司

出版日期／2024 年 7 月 初版
定　　價／480 元
I S B N／978-626-7448-45-8
電子書ISBN／9786267448434（PDF）
9786267448441（EPUB）

＊內文所有照片皆由作者本人親自拍攝。